Du même auteur aux éditions Leduc

500 recettes low Fodmaps, 2020
L'alimentation sans Fodmaps, guide visuel, 2019
Le grand livre des Fodmaps et de tout ce que l'on digère mal, 2018
Le régime Fodmaps 100 % végétarien, 2017
Plus jamais mal au ventre avec le régime Fodmaps, 2015

Design de couverture : Caroline Gioux
Illustration : © Vandycan / Shutterstock
Maquette : Sébastienne Ocampo
Illustrations : Kevin Épée, Fotolia

10, place des Cinq-Martyrs-du-Lycée-Buffon
75015 Paris — France
ISBN : 979-10-285-2038-0

LES BASIQUES SANTÉ

Dr Pierre Nys

L'alimentation low Fodmaps

LEDUC

SOMMAIRE

C'EST QUOI LES FODMAPS ?

Les Fodmaps sont des glucides (= sucres) particuliers. Il en existe de différentes sortes, que l'on regroupe en 4 grandes familles : les oligosaccharides, les disaccharides, les monosaccharides et les polyols. Peu digestes, ils arrivent quasi intacts jusqu'au côlon, où ils servent de nourriture aux bactéries locales (flore intestinale ou microbiote). En « prenant en charge » ces Fodmaps pour les décomposer totalement, ces dames produisent du gaz. Chez les personnes au tube digestif fragile, par exemple atteintes du syndrome du côlon irritable, ce gaz non seulement prend de la place (ballonnements) mais en plus appuie sur des récepteurs douloureux situés dans le ventre (douleurs).

Hypersensibles : ventre et émotions, même combat

Quant aux hypersensibles, ceux qui vivent très fort leurs émotions, ces inconforts peuvent prendre des proportions stratosphériques, même si objectivement ils ne souffrent pas de ballonnements plus intenses que les autres : mais ils les ressentent de manière plus intense, parfois jusqu'à leur couper le souffle.

L'acronyme Fodmaps signifie *Fermentable by colonic bacteria Oligosaccharides, Disaccharides, Monosaccharides And Polyols*. Traduit en français cela donne « oligosaccharides, disaccharides, monosaccharides et polyols fermentables par la flore intestinale ».

Cette lettre...	... signifie...	... dans quels aliments
F	Fermentable	= la fermentation intestinale due au fait que les Fodmaps n'ont pas été digérés plus haut, dans l'intestin grêle, comme le sont les autres aliments.
O	Oligosaccharides (fructanes – FO –, galactanes – GOS –)	Légumes secs (et certains légumes).
D	Disaccharides	Lait et les produits laitiers contenant du lactose.
M	Monosaccharides	Certains fruits.
A	And	= et.
P	Polyols	Confiseries « sans sucre ».

L'intolérance aux Fodmaps n'est pas une allergie. Lorsque l'on est allergique à la cacahuète, par exemple, en ingérer la moindre trace peut avoir des conséquences graves, comme déclencher un œdème de Quincke ou un choc anaphylactique. Les Fodmaps, eux, provoquent des fermentations, mais sont « dose-dépendants » : plus vous avalez de Fodmaps, plus vous risquez de gonfler. Cela signifie qu'une petite quantité de Fodmaps ne posera pas (ou peu) de problèmes. Tout est question de tolérance individuelle. Aussi le but n'est pas de manger « zéro Fodmap » (impossible !) mais d'en réduire la quantité (= low Fodmaps/pauvre en Fodmaps) dans votre assiette, pour un meilleur confort digestif.

Par exemple :

Trop de Fodmaps

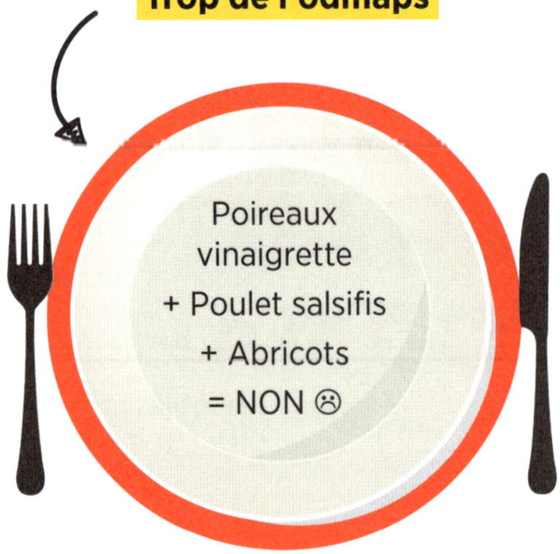

Low Fodmaps

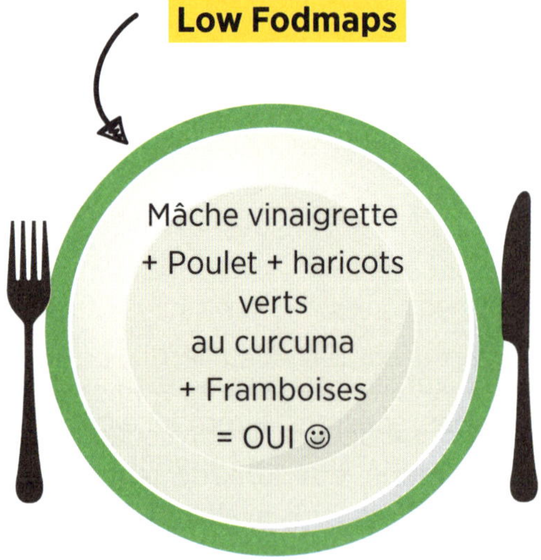

LES 5 SIGNES QUI INDIQUENT QUE VOUS ÊTES (PROBABLEMENT) INTOLÉRANT AUX FODMAPS

1 Vous avez mal au ventre et surtout gonflez comme un ballon de baudruche après chaque repas.

2 Alors que le matin au réveil, vous avez un joli petit ventre presque plat.

3 Vous avez des gaz, leur odeur est aigre (et ils soulagent).

4 Vous avez des ballonnements (et ils font mal), comme un long tube d'air sur la droite de l'abdomen.

5 Vous souffrez de diverses douleurs digestives, gastriques comme intestinales (crampes, spasmes, alternance constipation et diarrhées, sensation de trop-plein, tube digestif « bruyant », mal au ventre de stress...).

LES LISTES DE COURSES « PAUVRES EN FODMAPS »

Les légumineuses

Le Fodmap qui peut poser problème : oligosaccharides.

☹ **NON.** Haricot sec, haricot rouge, pois chiche, pois cassé, haricot blanc, flageolet.

😐 **BOF.** Lentille verte, petit pois, fève, maïs, soja et ses dérivés.

☺ **OUI.** Lentille corail.

Les céréales (et pseudo-céréales)

Le Fodmap qui peut poser problème : oligosaccharides.

☹ **NON.** Riz complet, pain et pâtes complets, boulgour, céréales du petit-déjeuner en général (à voir au cas par cas, certains mueslis sont tout à fait corrects).

😐 **BOF.** Avoine (attention ! il faut la faire cuire, même sous forme de flocons, pour la rendre digeste = porridge), pain de boulanger au levain (semi-complet), pita.

☺ **OUI.** Quinoa, riz blanc, biscottes, pâtes japonaises (ou sobas, 100 % sarrasin), pâtes 100 % sarrasin, pâtes sans gluten, petit épeautre, polenta, riz basmati, muesli, épeautre, millet.

Les produits laitiers

Le Fodmap qui peut poser problème : disaccharide (le lactose).

☹ **NON.** Crème-dessert (vanille, chocolat, caramel, pistache…), riz et semoule au lait, crème fraîche, crème glacée (y compris au yaourt), fromage blanc, lait (frais, UHT, en poudre, concentré), fromage frais, crème fouettée, crème à café. Plats avec crème type spaghettis carbonara, gratins à la béchamel…

😐 **BOF.** Cottage cheese, petit-suisse, fromage fondu, kéfir, mozzarella.

☺ **OUI.** Fromage affiné (bleu, camembert, comté, emmental, parmesan…), lait sans lactose, produits laitiers sans lactose (yaourt…).

Les fruits frais et séchés

Les Fodmaps qui peuvent poser problème : oligosaccharides, polyols, et surtout fructose.

☹ **NON.** Abricot sec, datte sèche, figue sèche, mangue, pêche, poire, pomme, prune.

😐 **BOF.** Cerise, groseille, litchi, pastèque, raisin (sans les pépins), nectarine, coing, avocat, grenade.

☺ **OUI.** Citron, banane mûre, cassis, fraise, framboise, fruit de la passion, rhubarbe, ananas, pamplemousse, clémentine, myrtille, mûre, orange, melon.

Les fruits oléagineux (amandes…)

Les Fodmaps qui peuvent poser problème : oligosaccharides.

☹ **NON.** Pistache, noix de cajou, crème d'amande, noix de coco (quelques lichettes peuvent passer, mais méfiance !).

😐 **BOF.** Amande ou autre oléagineux enrobé de chocolat noir. Farine d'amande, poudre d'amande.

😊 **OUI.** Amande, noix en général (Grenoble, pécan...), pignon, noisette... Lait d'amande, purée d'amande.

Les légumes et les champignons

Le Fodmap qui peut poser problème : oligosaccharides.

☹ **NON.** Ail, artichaut, oignon, topinambour, choux, champignons, chicorée, pissenlit, salsifis, oseille, poivron vert.

😐 **BOF.** Asperge (mangez les pointes, attention aux tiges surtout des grosses asperges), aubergine (sans la peau), avocat, betterave, échalote, fenouil.

😊 **OUI.** Carotte, haricot vert, courgette, cœur de palmier, céleri, panais, poivron rouge (épluchez-le, c'est mieux), mâche, laitue, endive, concombre, potiron et toutes les courges, radis, pousses d'épinard, pomme de terre.

Les boissons

Les Fodmaps qui peuvent poser problème : fructose (jus de fruits, sodas), lactose (boisson contenant du lait ou des produits laitiers).

☹ **NON.** Tous les sodas, toutes les boissons industrielles sucrées (jus de fruits, nectars, boissons à base de fruits, eaux gazéifiées et aromatisées, sirops...). Tous les cafés aromatisés et customisés (café latte, au caramel, à la vanille...), y compris ceux préparés au lait végétal. Soupes en poudre/sachets/dans les machines-distributeurs (aires d'autoroute...).

😐 **BOF.** Thé, café, infusion (en fonction de la susceptibilité personnelle).

☺ **OUI.** Eau plate, eau infusée (maison), jus de légumes (attention au choix des légumes !), éventuellement jus verts (mélange forte proportion jus de légumes + petite proportion jus de fruits pauvre en Fodmaps) thé léger (selon chacun), jus de citron dilué dans l'eau (méfiez-vous quand même en cas d'aigreurs d'estomac), bouillon très dilué.

➔ *À savoir :* les boissons glacées sidèrent les enzymes : c'est non ! Les boissons brûlantes agressent les muqueuses : c'est non ! Les boissons tempérées, tièdes ou « un peu » chaudes, c'est bien ! Pour le thé (qui contient des tanins potentiellement indigestes) et le café (dont la caféine peut faire mal au ventre), tout est question de susceptibilité individuelle. Et, bien sûr, les boissons gazeuses peuvent aggraver un reflux – même l'eau minérale à bulles !

Les sucreries, snackings sucrés, aides à la pâtisserie

Les Fodmaps qui peuvent poser problème : fructose (produits à base de fruits), lactose (produit contenant du lait/du chocolat au lait), oligosaccharides (produits contenant des céréales), polyols (produits de confiseries dits « sans sucres », au sorbitol, mannitol, xylitol).

☹ **NON.** Toutes les confiseries « sans sucre », sans exception : bonbons, chewing-gums... Barres de céréales, barres chocolatées, bonbons gélifiés en général.

😐 **BOF.** Chocolat noir de bonne qualité, réglisse (attention en cas d'hypertension), dragée, extrait de vanille/d'amande... agar-agar.

☺ **OUI.** Cannelle à saupoudrer, poudre ou pâte de vanille pure (on les utilise en si petites quantités).

1

LES BASIQUES SANS FODMAPS : 30 ALIMENTS PAUVRES EN FODMAPS ET QUI AIDENT MÊME À DIGÉRER

L'ANANAS

Évitez l'ananas au sirop, beaucoup trop sucré et qui ne présente pas les mêmes propriétés que l'ananas frais.

Il apporte une enzyme digestive appelée bromélaïne, anti-inflammatoire.

Si vous tolérez mal son fructose, contentez-vous d'une demi-tranche et/ ou, faites-le cuire. Poêlé ou même grillé au barbecue, il aura transformé une partie de son fructose en glucose, et se montrera doux et très bon.

LA BANANE

Achetez des mini-bananes, plus parfumées et agréables que les grandes.
Pas assez mûre, la banane fait partie des aliments riches en oligosaccharides.
½ fruit semble raisonnable.
Elle reste très riche en fructose.
Bien mûre, c'est aussi une véritable merveille de douceur pour les estomacs grincheux. Et passe beaucoup mieux côté Fodmaps.

LE BASILIC

Superbe plante aromatique digestive, elle calme les spasmes gastro-entériques.

Antifermentations.

Absolument indispensable pour faire du pesto (basilic + ail + pignons + huile d'olive), une tomate-mozza digne de ce nom.

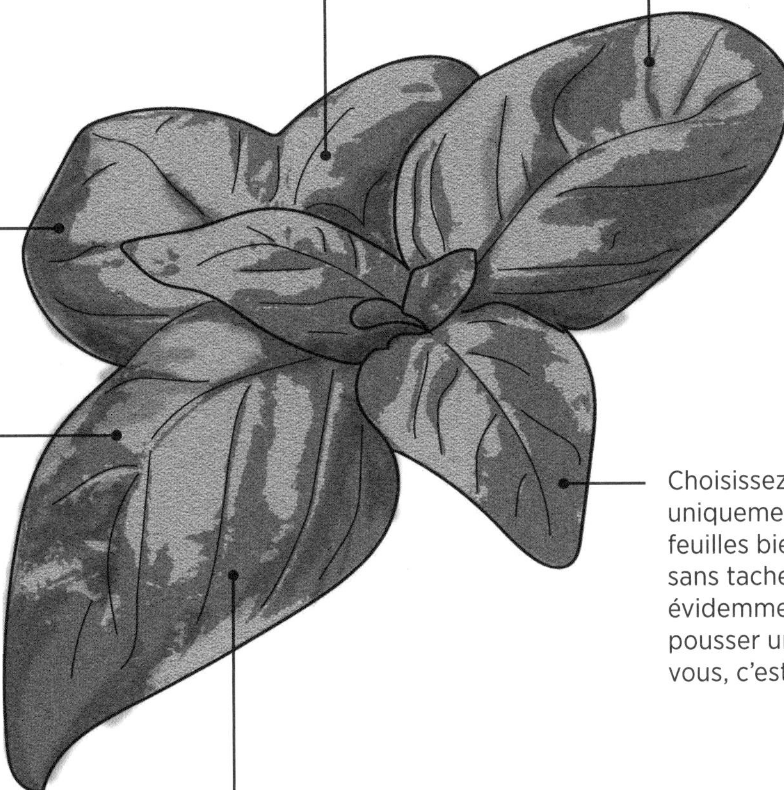

Choisissez uniquement des feuilles bien vertes, sans taches, fraîches évidemment. Faites pousser un pied chez vous, c'est le mieux.

Basilic signifie « plante royale », la classe !

Une infusion digestive ? 1 cuillère à café de plante pour 1 tasse d'eau frémissante. Laissez infuser quelques minutes. Filtrez. Dégustez.

LA CAROTTE

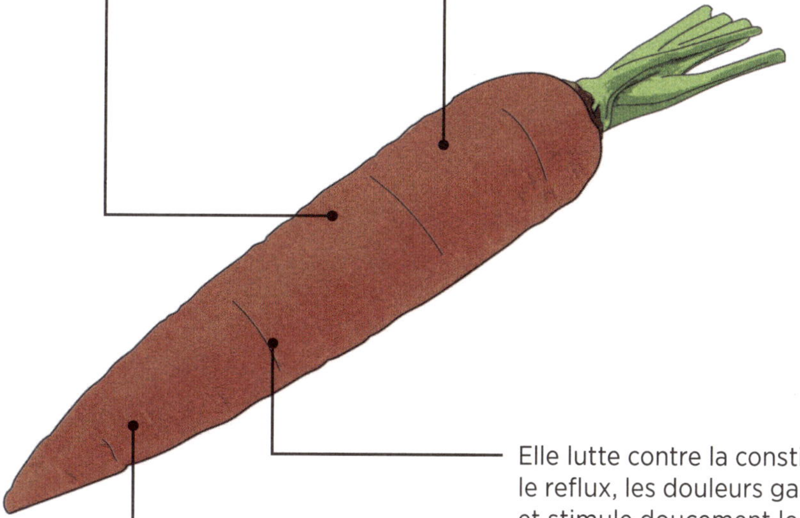

Bon aliment de la prévention anticancer, antidiabète, protectrice cardiaque et respiratoire.
Râpée très finement, en petite quantité.
Elle lutte contre la constipation, le reflux, les douleurs gastriques et stimule doucement le foie.
Crue, elle est riche en enzymes digestives.

LE CITRON

Il aide à digérer à peu près tout et n'importe quoi, désengorge le foie, stimule le pancréas bref : réveille toutes les fonctions digestives.

Le fruit qui booste la digestion par excellence.

À jeun, il peut agresser les estomacs sensibles. Attention à la citronnade (citron + eau), recommandée le matin au réveil en cure détox, ce n'est pas forcément une bonne idée pour tout le monde.

Son acide citrique est antiseptique, apprécié en cas de gastro-entérite : il combat les microbes digestifs.

LA CLÉMENTINE

Pauvre en fructose et en sorbitol, elle a tout pour plaire. Sa composition nutritionnelle se rapproche de celle du citron, désigné d'office comme un roi parmi ses sujets surdoués en détox digestive. Mais personne ne consomme de citron en guise de dessert, alors qu'une clémentine, si !

La super-championne pauvre en Fodmaps.

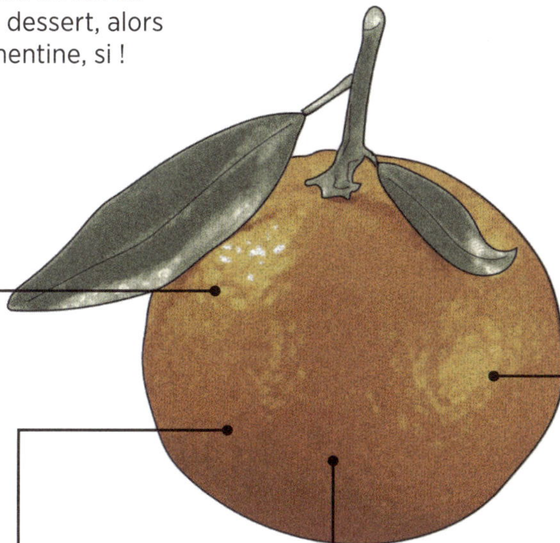

Si vous la digérez mal en dessert, mangez-la en dehors des repas. Ce n'est pas le fruit qui pose problème, mais un mauvais « timing ».

Bien qu'elle soit (plus ou moins) acide en bouche, elle n'est pas acidifante pour l'organisme. Elle respecte donc l'équilibre acido-basique et, même, y participe activement.

LA COURGE, LA COURGETTE, LE POTIRON

Les courgettes, courges et courges spaghetti peuvent être consommées sans arrière-pensée : elles passent impeccable ! Si peu de Fodmaps, n'en parlons pas.

En revanche, allez-y plus doucement avec les citrouilles, potirons, potimarrons, dotés de davantage de Fodmaps (polyols, galacto-oligosaccharides) ! Tout dépendra ici de la quantité : un peu, tout va bien ; beaucoup, ça coince. Donc, en saison, ne cumulez pas soupe au potiron, tarte à la citrouille et autres *latte* du même tonneau.

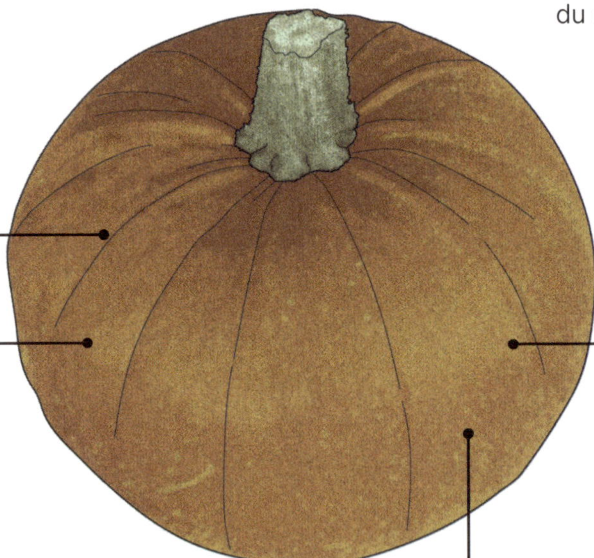

Les graines de citrouille grillées sont trop riches en Fodmaps pour être honnêtes, hélas. Croquez-en 2 ou 3 pour éviter toute frustration si vraiment vous les adorez, mais pas plus.

Toute la famille est riche en potassium, bêtacarotènes et autres nutriments fortement antioxydants.

LE CURCUMA

Il lutte contre les douleurs et les inconforts digestifs – ballonnements, brûlures gastriques, nausées, crise de foie, sensation de surcharge, syndrome de l'intestin irritable, diarrhées, flatulences, ulcères, parasites…

1 cuillère à café par jour en prévention, le double voire le triple si vous souffrez d'inflammations digestives. Vous obtiendrez ainsi des doses de curcumine allant de 300 mg à 600 mg, c'est correct.

Saupoudrez les plats d'un peu de curcuma à chaque repas. L'OMS (Organisation mondiale de la santé) le reconnaît pour soigner les troubles digestifs.

« L'épice-médicament » 100 % adaptée.

Incontournable dans le cadre des maladies inflammatoires digestives (maladie de Crohn…).

Incorporez-le à vos recettes avec un peu de poivre et de corps gras (huile d'olive par exemple) pour une meilleure assimilation.

LE FENOUIL

Il favorise le transit intestinal et la digestion en général.
Il s'oppose à la fermentation (gaz).
Sa forte saveur anisée lui vient de son huile essentielle (essence), hyper-digestive : cuit, il la perd presque entièrement. Préférez-le cru !
Il soulage les « crampes » de l'estomac et de l'intestin.
Un des meilleurs amis du colitique !

LA FRAISE ET LA FRAMBOISE

Gorgées de vitamines et d’antioxydants, ce sont les meilleurs choix « fruits » à la belle saison, sur un plan Fodmaps.

Particulièrement attractives pour contrôler sa glycémie (diabétiques notamment) ou son poids.

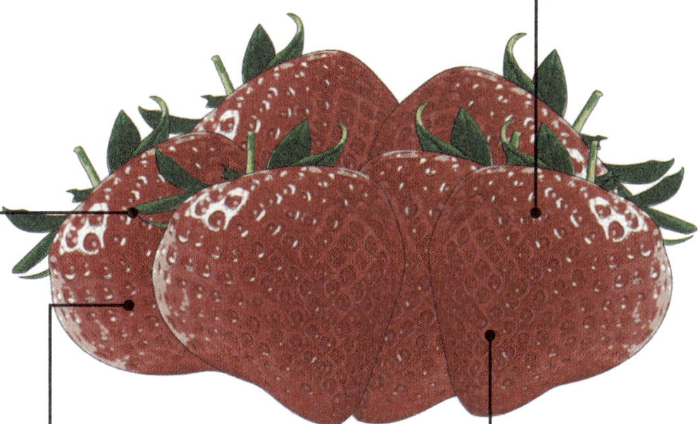

Extrêmement pauvres en sucres, donc en Fodmaps.

Gare à leurs petits grains, moins amicaux.

LES FROMAGES AFFINÉS (BLEU, CAMEMBERT, COMTÉ, EMMENTAL, PARMESAN...)

Les pâtes molles ou dures, mais affinées – comté, emmental, brie, camembert, roquefort, chèvre « fait » (sec ou non) – sont quasi dénuées de Fodmaps... Seuls les fromages frais conservent une teneur en lactose trop élevée.

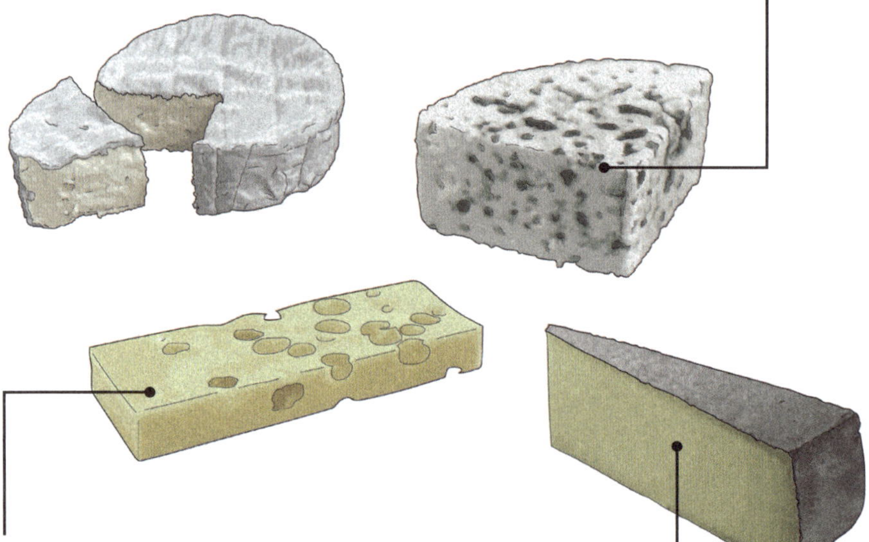

Accompagnez-les systématiquement de salade verte, remplacez vos tranches de pain par des feuilles d'endives. Frais et agréable en bouche, et zéro Fodmap.

Un plateau de fromages, oui, une fondue ou une raclette... non.

LES FRUITS DE MER

Les fruits de mer sont faibles en Fodmaps car ils ne renferment pas de glucides. Un beau plateau de fruits de mer, c'est une bonne idée. Mais cuits avec des légumes ou du riz, c'est bien aussi.

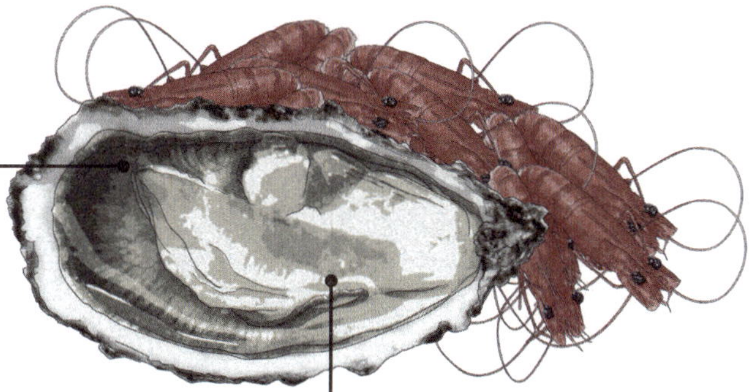

Cette ribambelle de bivalves et crustacés est bien pourvue en glutamine, un acide aminé indispensable à la bonne intégrité de la muqueuse intestinale.

LE GINGEMBRE

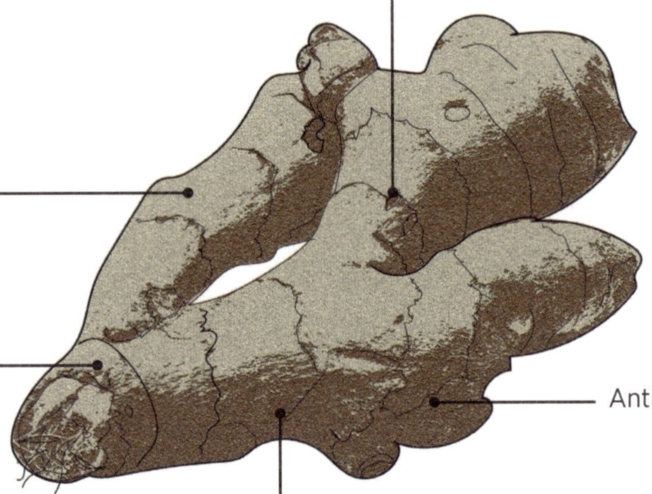

LE HARICOT VERT

Bon pour le transit intestinal (fibres douces).

Participe à la protection anticancer (estomac, œsophage, côlon) et antiostéoporose.

Très nourrissant, peu calorique : le modèle minceur !

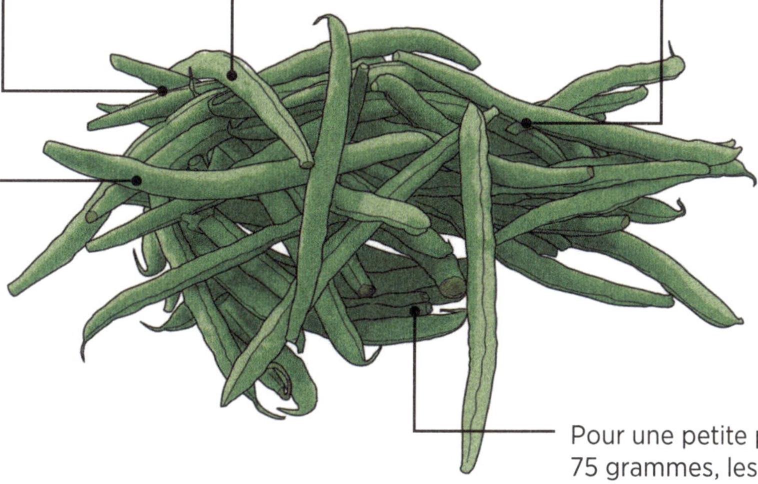

Peut « piquer et brûler la bouche » (syndrome d'allergie orale, aussi appelé syndrome pollen-aliment), surtout si vous souffrez par ailleurs de rhinite allergique.

Pour une petite portion de 75 grammes, les haricots verts passent velours. Si vous les dévorez en plus larges quantités, ça peut coincer. Si vous raffolez des grandes quantités de légumes verts, mieux vaut associer un peu de haricots verts à des courgettes par exemple, plutôt que de vous lancer dans des orgies de haricots.

L'HUILE D'OLIVE

En bocal pour y faire tremper de l'ail, des aromates riches en Fodmaps (elle récupérera leur saveur sans se charger de leurs molécules indigestes), des petits fromages de chèvre...

Toutes les huiles sont à consommer avec modération, 3 cuillères à soupe maximum par jour (toutes préparations confondues).

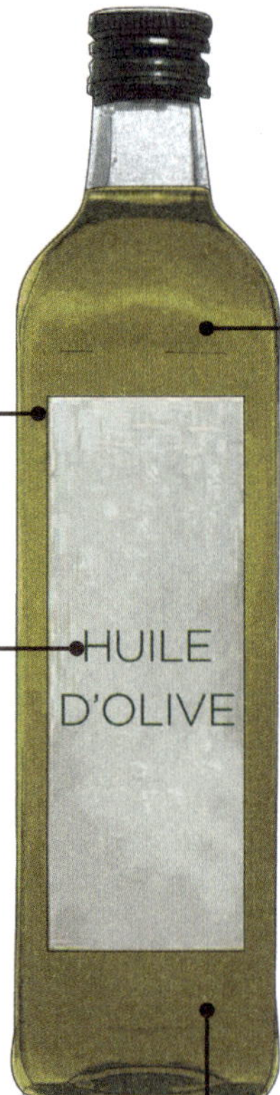

Comme toutes les autres huiles, celle d'olive contient zéro Fodmap.

Le plus digeste des corps gras.

LE LAIT DÉLACTOSÉ

Contient les mêmes nutriments que le lait « normal » : calcium, phosphore, Vitamines B2, B12, D, protéines.

Renferme de la lactase ajoutée (l'enzyme qui fait défaut à bien des personnes, raison pour laquelle elles ne « supportent pas » le lait).

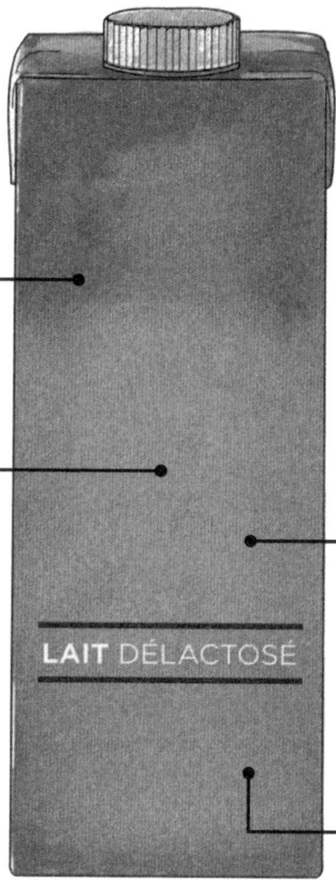

Convient aux personnes intolérantes au lactose, mais PAS aux personnes allergiques aux produits laitiers !

Sa saveur est plus sucrée que celle du lait habituel, puisque la lactase (enzyme ajoutée au lait) décompose justement en sucres simples les sucres complexes du lait, et donc exacerbe l'impression de sucré. Mais c'est pourtant la même teneur en sucre sur un plan nutritionnel.

LA LENTILLE CORAIL

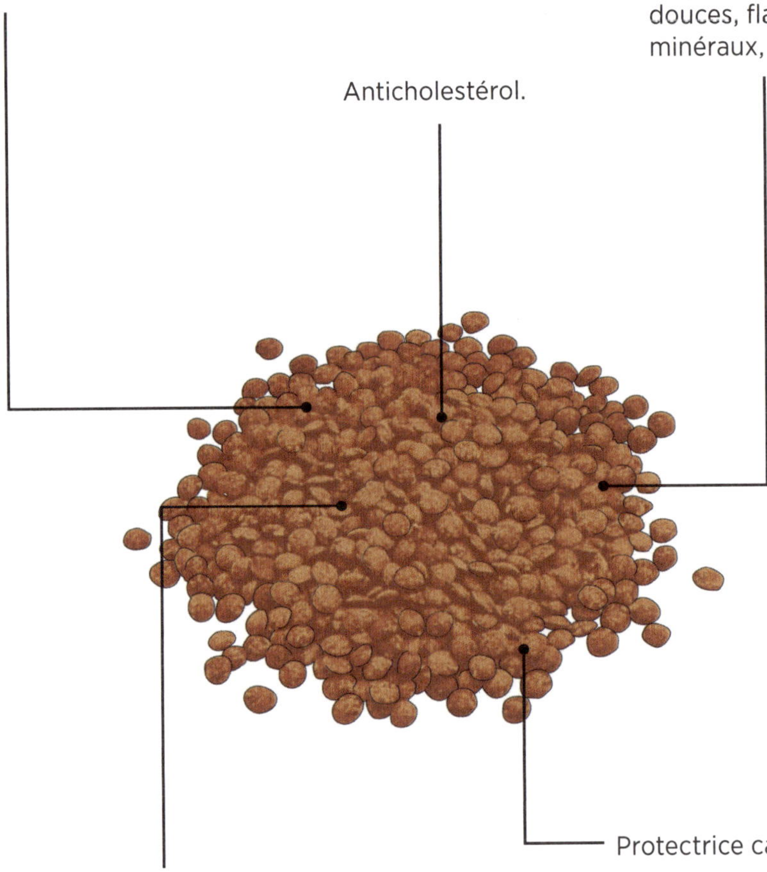

LA MENTHE POIVRÉE

Elle assainit l'haleine, souvent chargée en cas de troubles digestifs.

En infusion : quelques feuilles de menthe fraîche (ou sèche), 3 minutes de patience. Sans sucre, bien entendu.

Elle renferme une essence (« huile essentielle ») riche en molécules précieuses en cas de troubles digestifs, tous problèmes confondus. Les douleurs digestives, les spasmes intestinaux, les ballonnements, elle n'en fait qu'une bouchée.

LA MOUTARDE

Elle possède cette puissance en bouche recherchée par les amateurs d'ail, et... zéro Fodmap.

Antiseptique, accélératrice de digestion, elle favorise le processus digestif à chaque étape. Elle stimule même la production de salive !

Assainit et libère les voies respiratoires.

Elle relève n'importe quel plat un peu fade, et permet d'utiliser moins de gras. Or, le gras est vite indigeste alors que la moutarde, au contraire, aide à digérer. Le bilan total = moins de gras, moins de calories, moins de troubles digestifs... et plus de goût !

Attention, elle est très salée. Hypertendus, tendance à gonfler... méfiance !

LE MUESLI

Mélange de céréales en flocons, graines, fruits oléagineux (amandes, noisettes...), sa composition nutritionnelle (et en Fodmaps) dépend de ce que vous mettez dedans.

Super-coupe-faim, un bon muesli peu sucré est un parfait petit-déjeuner.

À assaisonner d'un lait végétal, de yaourt ou de lait délactosé pour un confort digestif parfait.

Préférez les mueslis « à flocons » plutôt que « croustillants » (= les mêmes, mais cuits et plus gras et sucrés).

LA MYRTILLE

Elle a des propriétés antidiarrhéiques.
Tellement de goût et si peu de sucre, de calories et de Fodmaps !
La myrtille fait partie des fruits les plus antioxydants.

LES NOIX, NOISETTES ET AMANDES

Tous les fruits oléagineux n'apportent pas la même quantité de Fodmaps. Feu vert pour les amandes, noisettes, noix de Grenoble, du Brésil, de pécan, pignons. Doucement sur les noix de cajou et les pistaches.

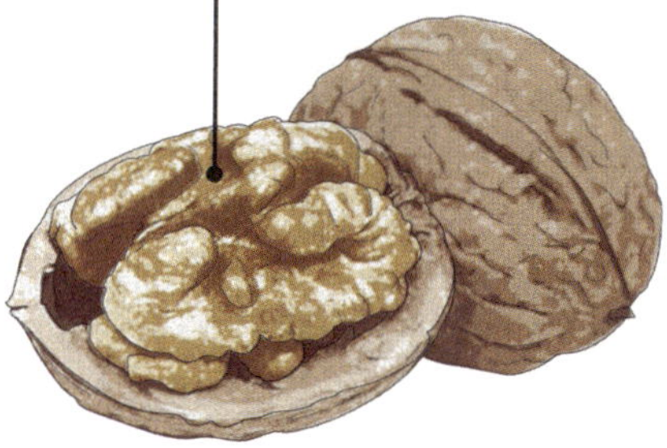

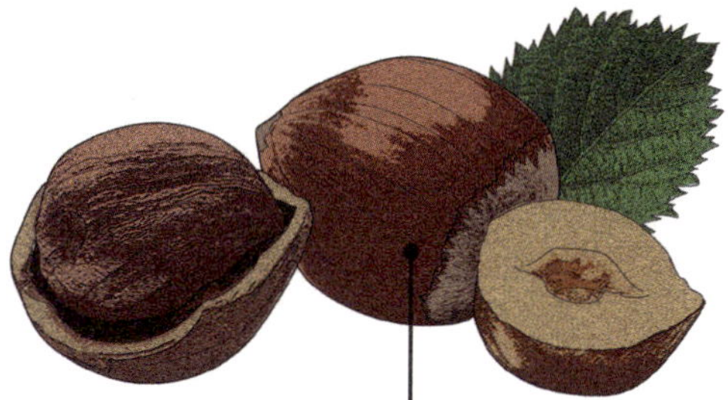

Les noix en général regorgent de « bons gras », de protéines, de fibres, et sont de parfaits aliments de snacking sain.

Les noix de Grenoble sont championnes pour les apports en oméga 3 (les amandes n'en contiennent pas), en revanche attention aux aphtes ! Pour éviter ces derniers, faites tremper vos noix/noisettes afin d'éliminer la petite peau brune.

L'ORANGE ET LE PAMPLEMOUSSE

Ces agrumes restent une valeur sûre sur un plan « aliment santé » et, en plus, se payent le luxe d'être pauvres en Fodmaps. Si vous êtes un adepte des jus, choisissez-les, ce sont eux qui passeront le mieux, à condition de ne pas dépasser 100 ml/jour.

Le mieux : pressez vous-même vos oranges et pamplemousses, sinon, achetez des jus « haut de gamme », avec pulpe, au rayon frais.

Évitez les jus bas de gamme, en briques, « pas chers », ainsi que les « boissons à l'orange » et « boissons aux pamplemousses », bourrées de sucres et d'additifs divers, apportant plus de Fodmaps que de fruits !

LA POMME DE TERRE

Source de potassium, bon pour le cœur.

Le féculent super-digeste. Zéro Fodmap. Personne ne s’est jamais plaint de mal la digérer, à ma connaissance.

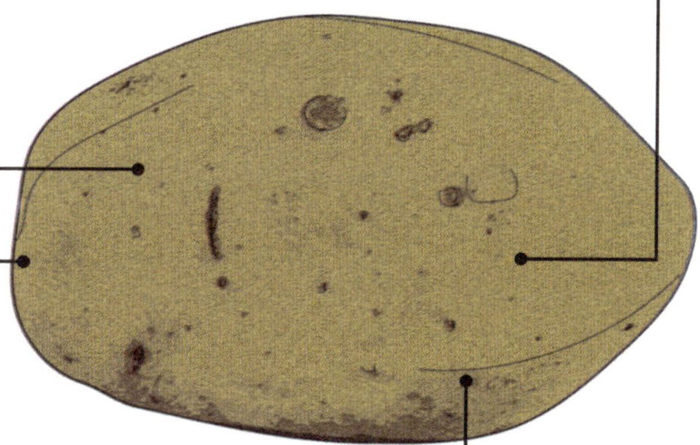

Rejetez tout spécimen avec des taches vertes ou des germes, dus à la solanine, un toxique responsable de troubles digestifs.

Évitez les frites et les chips ultra-grasses et salées (pas un cadeau pour l’estomac, le sel).

LE QUINOA

Super-digeste, sans Fodmaps ni gluten.

Blanc, noir ou rouge, son petit goût de noisette ravit (ou déplaît).

Nourrissant, très riche en protéines et en fibres. Apporte aussi une certaine quantité de « bons gras ».

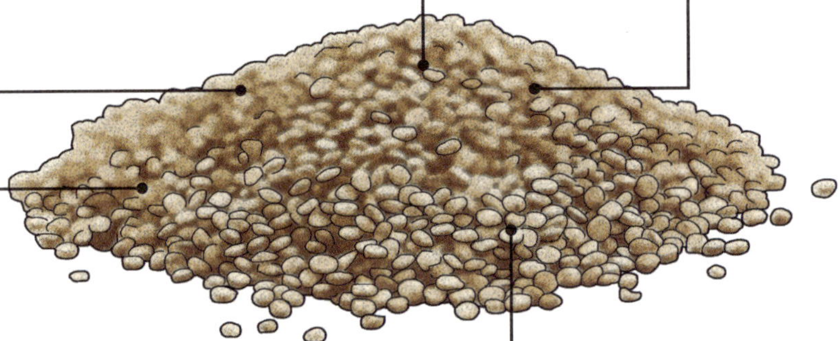

Rincez-le même s'il l'est déjà (la plupart des quinoas du marché sont prélavés) : l'eau de cuisson ne doit pas « mousser ». Si c'est le cas, c'est à cause de la saponine, principe amer qui aurait dû partir « au lavage ».

Se déguste chaud ou froid, en version salée ou sucrée.

LA RÉGLISSE

Un remarquable ingrédient anti-douleurs digestives, qu'il s'agisse de brûlures d'estomac (antiacide, antiulcère) comme de spasmes ou d'inflammations du côlon.

Les principes actifs de la réglisse sont, hélas, à haute dose, toxiques. Donc même si elle est douce à votre tube digestif, pas question de l'utiliser chaque jour. Notamment, son acide glycyrrhizique peut provoquer de l'hypertension artérielle.

Au passage, aide à apaiser certains troubles du cycle menstruel.

LE RIZ (BLANC, BASMATI, ROND)

Garanti zéro Fodmap ! Même le riz brun en est exempt, mais sa petite peau brune peut être irritante pour certains tubes digestifs.

Le riz blanc fait partie des aliments les plus digestes, quel que soit votre trouble digestif.

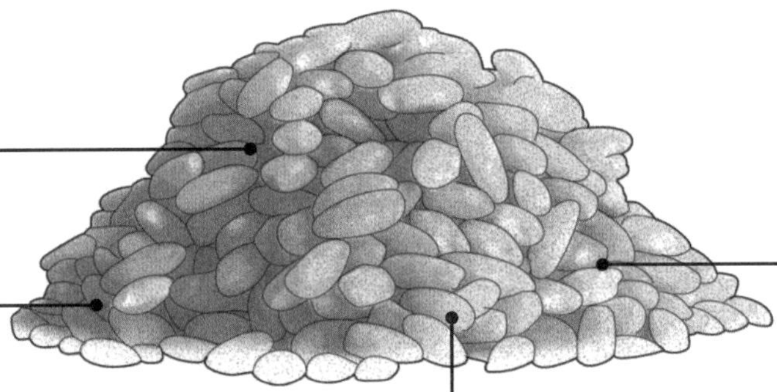

Le basmati est meilleur pour la glycémie (antidiabète, minceur) qu'un simple riz blanc « collant ».

En cas de diarrhées, consommez l'eau de cuisson du riz.

LA SALADE VERTE (ENDIVE, MÂCHE, ÉPINARD...)

L'une de vos meilleures alliées digestives, si sauce légère. Parfaite pour démarrer un repas ou juste après le plat.

Choisissez les pousses tendres vert clair plutôt que les grosses feuilles vert foncé.

Oubliez la chicorée et le pissenlit, des petites mines de Fodmaps !

La mâche, la laitue, l'épinard, l'endive, les jeunes pousses passent toutes seules et apportent fibres, antioxydants, minéraux, vitamines.

LE SARRASIN

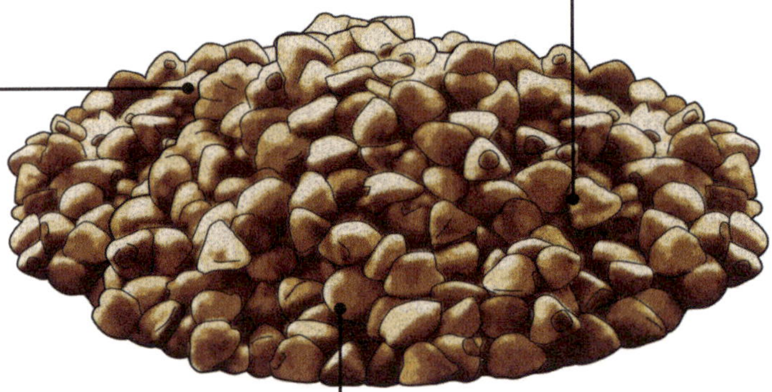
Sans gluten ni Fodmaps, un excellent élève digestif !
Parfaite source de protéines et de fibres douces, de vitamines, minéraux et composés phénoliques bons pour la circulation.
Rustique, il est résistant et nécessite peu de pesticides.

LE YAOURT NATURE MAISON

Le yaourt nature maison ne contient plus de lactose, donc plus de Fodmaps (contrairement au lait).

Le yaourt nature du commerce peut en contenir davantage (les industriels peuvent ajouter du lait après fermentation pour une texture plus dense. Ce lait non fermenté contient donc du lactose).

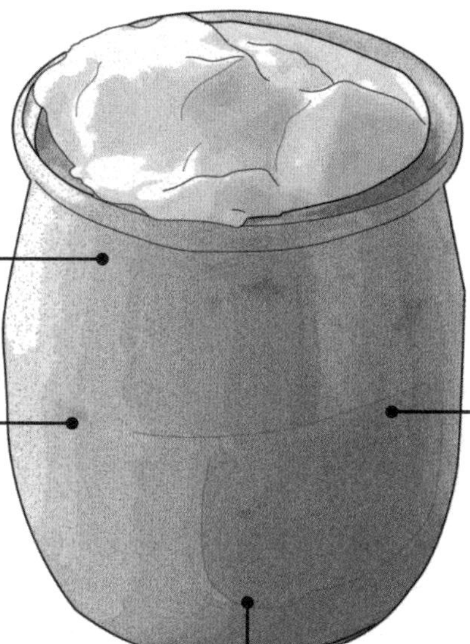

Évitez les yaourts aux fruits, allégés, sucrés, etc.

Super-digeste, ami de la flore intestinal, c'est un bienfaiteur. À condition de le préparer avec du bon lait !

2

LES 130 RECETTES QUI FONT DU BIEN, MODE D'EMPLOI PAS À PAS

Sauf indications contraires, les recettes sont prévues pour 4 personnes.

SOUPES

VELOUTÉ DE POTIRON

Il me faut...

Potiron
1 quartier

Lait délactosé
30 cl

Comment je procède

1 **Pelez le quartier de potiron.**

2 **Épépinez-le et coupez-le en cubes.**

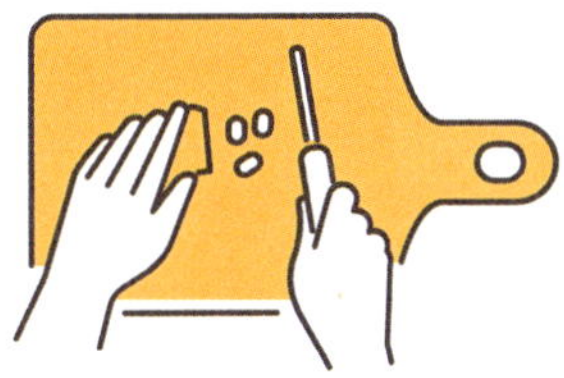

3 **Faites-le cuire à l'autocuiseur à l'eau bouillante salée.**

4 **Égouttez et mixez finement avec le lait et un peu de sel.**

VELOUTÉ FROID DE CONCOMBRE À LA MENTHE

Il me faut...

Concombre
1 gros

Lait d'amande
20 cl

Menthe fraîche
1 brin

Huile d'olive
2 c. à s.

Comment je procède

1 **Pelez et épépinez le concombre.**

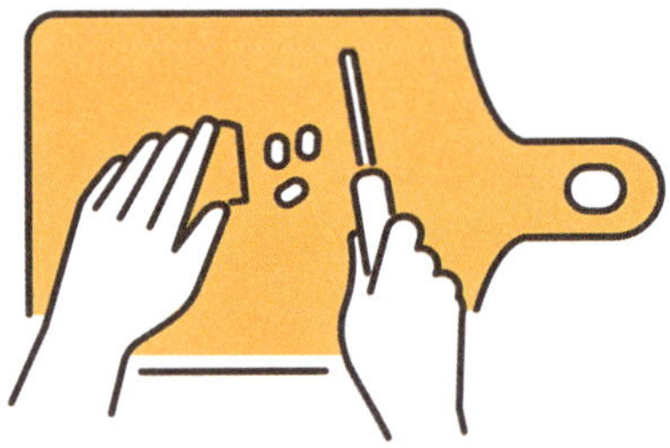

2 **Mettez tous les ingrédients dans un blender et mixez finement.**

3 **Servez frais.**

SOUPE DE CARROTTES AUX ÉPICES

Il me faut…

Carottes
400 g

Lait d'amande
20 cl

Curry
Quelques pincées

Coriandre fraîche

Comment je procède

1 **Pelez les carottes et coupez-les en morceaux.**

2 **Faites-les cuire à l'eau bouillante salée.**

3 **Égouttez-les et mixez-les avec le lait d'amande, le curry et parsemez de coriandre ciselée au moment de servir.**

VELOUTÉ DE COURGETTE

Il me faut...

Courgettes
3

Purée d'amande blanche
1 c. à s. bombée

Basilic
1 c. à s.

Comment je procède

1 **Éliminez les extrémités des courgettes, coupez-les en rondelles.**

2 **Faites-les cuire à l'eau bouillante salée.**

3 **Égouttez et mixez avec un peu d'eau de cuisson, la purée d'amande et le basilic ciselé.**

SOUPE DÉTOX

Il me faut…

Courgettes
2

Épinards
1 poignée

Avocat
1 bien mûr

Comment je procède

1 **Éliminez les extrémités des courgettes, coupez-les en rondelles.**

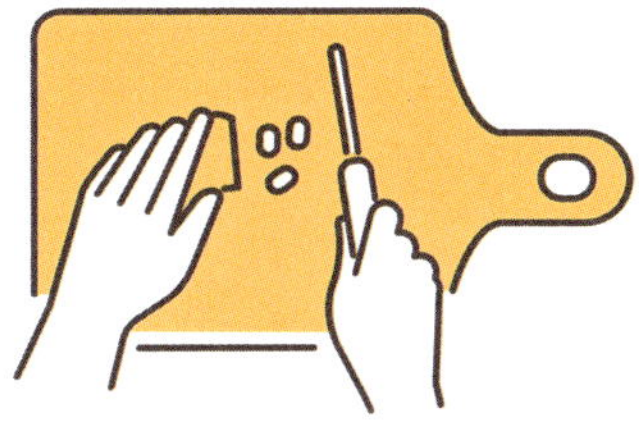

2 **Faites-les cuire à l'eau bouillante salée avec les feuilles d'épinards.**

3 **Égouttez et mixez avec un peu d'eau de cuisson et la chair de l'avocat.**

VELOUTÉ DE POMMES DE TERRE AU BACON

Il me faut...

Pommes de terre « spéciales purée »
300 g

Lait végétal
10 cl

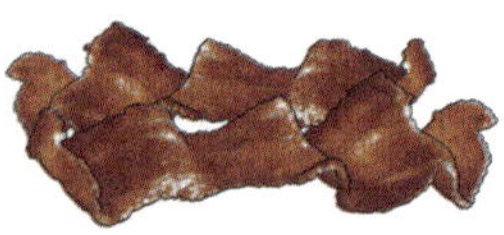

Filet de bacon en tranches
50 g

Comment je procède

1 Pelez les pommes de terre et coupez-les en cubes.

2 Faites-les cuire à l'eau bouillante salée.

3 Mixez-les avec un peu d'eau de cuisson et le lait.

4 Faites dorer à la poêle antiadhésive les tranches de filet de bacon taillées en allumettes et servez-les sur les veloutés.

VELOUTÉ DE PATATES DOUCES AU CITRON VERT

Il me faut...

Patates douces
400 g

Gingembre frais
1 c. à s. râpé

Lait de coco
20 cl

Zestes de citron vert
Quelques pincées

Comment je procède

1 **Pelez les patates douces et coupez-les en cubes.**

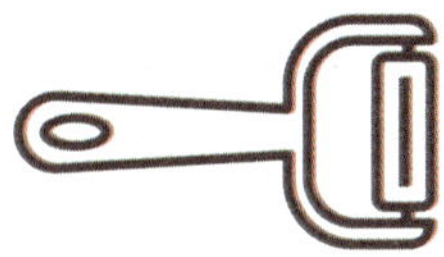

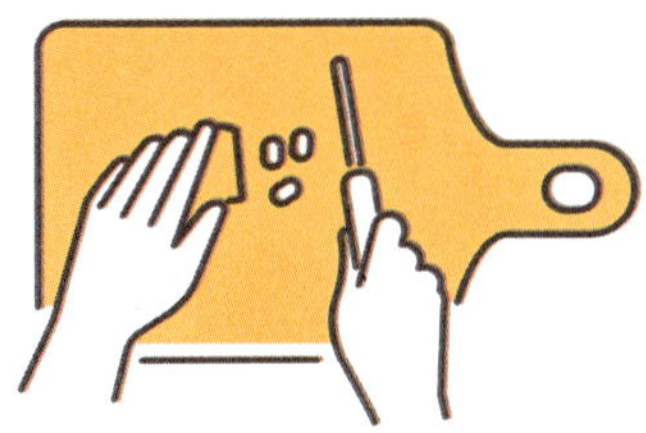

2 **Faites-les cuire à l'eau bouillante salée.**

3 **Mixez-les avec le lait de coco, le gingembre et les zestes de citron vert râpés.**

MARINADES

AU ROMARIN

Il me faut...

Citron
2 c. à s. de jus

Huile d'olive
4 c. à s.

Romarin
1 c. à c.

Comment je procède

1 **Mélangez tous les ingrédients.**

2 **Salez, poivrez.**

3 **Faites mariner les ingrédients de votre choix (aiguillettes de volaille, pavés de cabillaud, de thon...) avant de les faire griller au barbecue ou à la poêle.**

À LA TOMATE

Il me faut...

Huile d'olive
4 c. à s.

Concentré de tomate
1 c. à s.

Herbes de Provence
1 c. à c.

Paprika
Quelques pincées

Comment je procède

1 **Mélangez tous les ingrédients.**

2 **Salez, poivrez.**

3 **Faites mariner les ingrédients de votre choix (aiguillettes de volaille, pavés de viande rouge...) avant de les faire griller au barbecue ou à la poêle.**

AU THYM

Il me faut...

Thym
1 c. à c.

Citron
1

Huile d'olive
6 c. à s.

Comment je procède

1 **Pressez le citron.**
Mélangez tous les ingrédients.

2 **Salez.**

3 **Faites mariner les ingrédients de votre choix (aiguillettes de volaille, crevettes, calamars...) avant de les faire griller au barbecue ou à la poêle.**

À LA CORIANDRE

Il me faut...

Huile d'olive
6 c. à s.

Citron
1

Coriandre
1 c. à s. ciselée

Comment je procède

1 **Pressez le citron.**
Mélangez tous les ingrédients.

2 **Salez, poivrez.**

3 **Faites mariner les ingrédients de votre choix (aiguillettes de volaille, pavés de tofu...) avant de les faire griller au barbecue ou à la poêle.**

À L'ORIENTALE

Il me faut...

Citron
1

Huile d'olive
4 c. à s.

Cumin en poudre
1 pincée

Paprika
½ c. à c.

Comment je procède

1 **Pressez le citron.**
Mélangez tous les ingrédients.

2 **Salez, poivrez.**

3 **Faites mariner les ingrédients de votre choix (aiguillettes de volaille, côtes de porc...) avant de les faire griller au barbecue ou à la poêle.**

À L'ORANGE

Il me faut...

Orange
8 c. à s. de jus

Citron
1

Huile d'olive
6 c. à s.

Comment je procède

1 **Pressez le citron.**
Mélangez tous les ingrédients.

2 **Salez.**

3 **Faites mariner les ingrédients de votre choix (aiguillettes de volaille, filet mignon...) avant de les faire griller au barbecue ou à la poêle.**

AU GINGEMBRE

Il me faut...

Huile d'olive
4 c. à s.

Citron
1

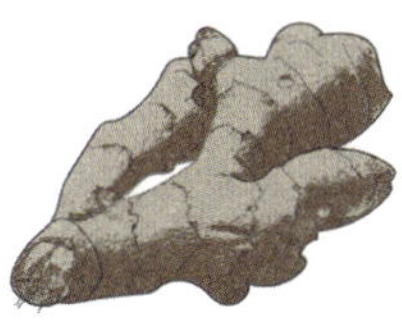

Gingembre frais
1 c. à c. râpé

Comment je procède

1 **Pressez le citron.**
Mélangez tous les ingrédients.

2 **Salez.**

3 **Faites mariner les ingrédients de votre choix (aiguillettes de volaille, pavés de saumon…) avant de les faire griller au barbecue ou à la poêle.**

AUX BAIES ROSES

Il me faut...

Huile d'olive
4 c. à s.

Baies roses
1 c. à c.

Origan
1 c. à c.

Comment je procède

1 Pilez les bales roses au mortier.

2 Mélangez tous les ingrédients.

3 Salez, poivrez.

4 Faites mariner les ingrédients de votre choix (aiguillettes de volaille, pavés de viande rouge...) avant de les faire griller au barbecue ou à la poêle.

AU SOJA

Il me faut...

Huile de sésame
4 c. à s.

Vinaigre de riz
1 c. à s.

Sauce soja naturellement fermentée
1 c. à s.

Comment je procède

1 **Mélangez tous les ingrédients.**

2 **Poivrez.**

3 **Faites mariner les ingrédients de votre choix (aiguillettes de volaille, pavés de viande rouge...) avant de les faire griller au barbecue ou à la poêle.**

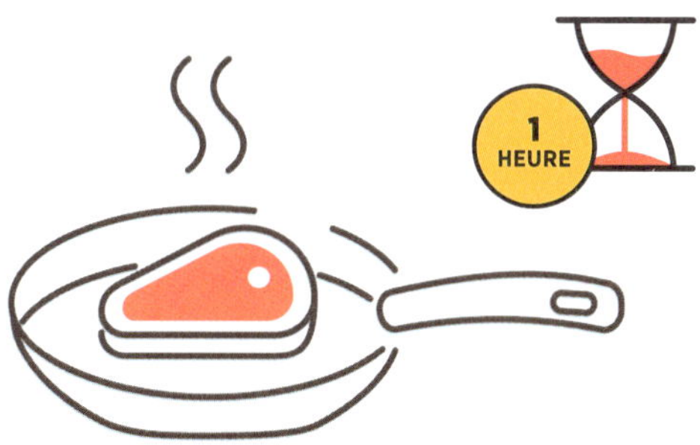

SPICY

Il me faut...

Huile d'olive
4 c. à s.

Piment d'Espelette
Quelques pincées

Coulis de tomate nature
1 c. à s.

Comment je procède

1 **Mélangez tous les ingrédients.**

2 **Salez, poivrez.**

3 **Faites mariner les ingrédients de votre choix (aiguillettes de volaille, travers de porc...) avant de les faire griller au barbecue ou à la poêle.**

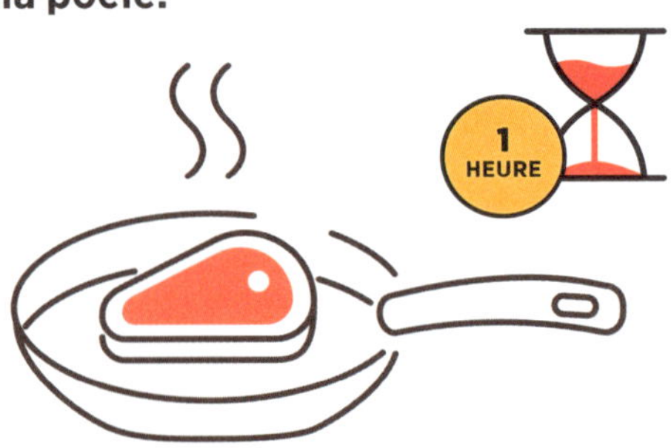

BOUCHÉES ET TARTINES APÉRO

MINI-BROCHETTES AUX CREVETTES

Il me faut...

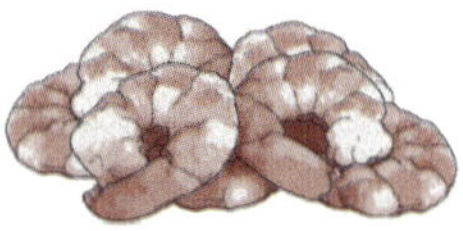

Crevettes roses cuites et décortiquées
20

Ananas
20 cubes

Coco râpée
4 c. à s.

Piment d'Espelette
Quelques pincées

Comment je procède

1 **Piquez 1 crevette et 1 cube d'ananas sur des piques en bois.**

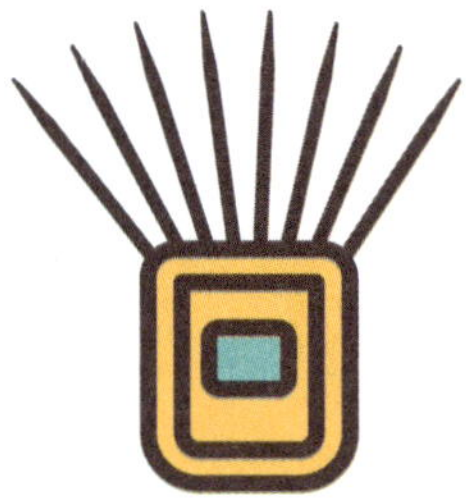

2 **Mélangez la coco et le piment dans une assiette.**

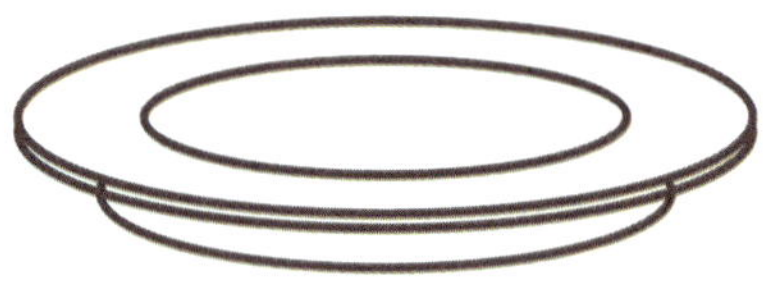

3 **Passez-y les mini-brochettes.**

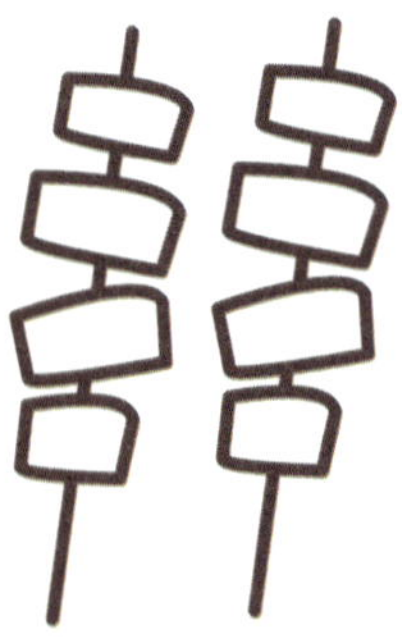

MINI-TAPAS COMME À BARCELONE

Il me faut...

Pain au levain
4 tranches

Tomates
2

Anchois à l'huile d'olive
1 boîte

Origan

Comment je procède

1 **Pelez et épépinez les tomates, coupez-les en très petits dés.**

2 **Garnissez-en les tranches de pain toastées et coupées en morceaux de la taille de bouchées.**

3 **Disposez par-dessus des anchois marinés et parsemez d'origan.**

BOUCHÉES DE RADIS NOIR AU SAUMON

Il me faut...

Radis noir
1

Saumon cuit
200 g

Yaourt de soja
2 c. à s.

Câpres

Comment je procède

1 **Écrasez le saumon cuit à la fourchette avec le yaourt pour obtenir une préparation homogène.**

2 **Pelez le radis noir et coupez-le en rondelles.**

3 **Garnissez chaque rondelle de rillettes de saumon et ajoutez quelques câpres.**

MINI-BROCHETTES ITALIENNES

Il me faut...

Tomates cerises
1 barquette

Jambon de Parme dégraissé
4 tranches

Basilic
16 feuilles

Comment je procède

1 **Piquez 1 tomate cerise, 1 feuille de basilic et 1 lanière de jambon roulée sur elle-même sur des piques en bois.**

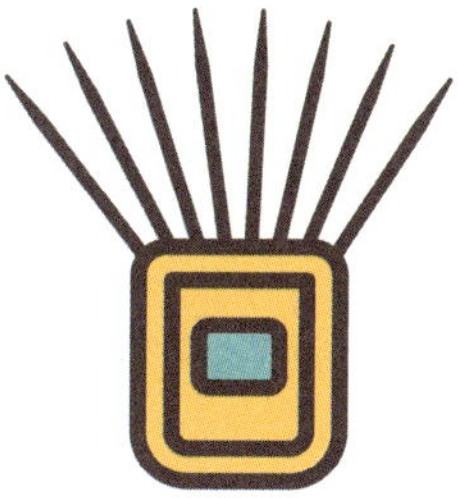

ROULÉS DE JAMBON BLANC

Il me faut...

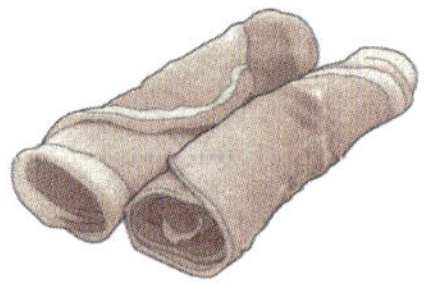

Jambon blanc dégraissé
4 tranches

Caviar de courgettes
(voir p. 83)
4 c. à s.

Graines de sésame
2 c. à c.

Comment je procède

1 **Garnissez chaque tranche de jambon de caviar de courgettes en l'étalant bien en couche uniforme à l'aide d'un couteau.**

2 **Parsemez de graines de sésame.**

3 **Roulez les tranches sur elles-mêmes et coupez-les en tronçons.**

MINI-VERRINES AU THON

Il me faut...

Concombre
1

Miettes de thon à l'huile
1 grosse boîte

Pignons
1 c. à s.

Comment je procède

1 **Pelez et épépinez le concombre, coupez-le en très petits dés et répartissez-les dans 8 verrines.**

2 **Répartissez par-dessus les miettes de thon égoutté.**

3 **Terminez en parsemant de pignons légèrement torréfiés.**

MINI-VERRINES AU ROQUEFORT

Il me faut...

Purée de potiron
400 g

Roquefort
75 g

Noix
8

Comment je procède

1 **Répartissez la purée froide dans 8 verrines.**

2 **Par-dessus, parsemez le roquefort émietté.**

3 **Terminez en ajoutant les noix cassées en éclats.**

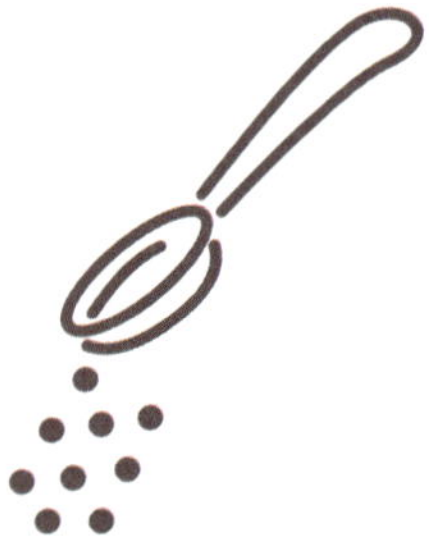

MINI-BROCHETTES DE POULET

Il me faut…

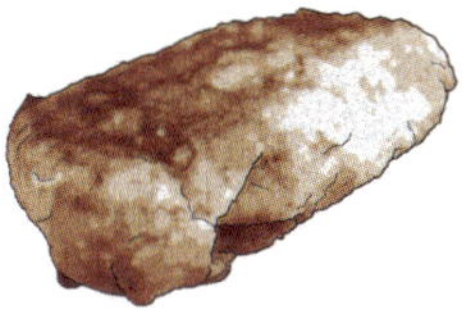

Blancs de poulet
2

Courgette
1

Menthe
2 brins

Huile d'olive
1 c. à s.

Comment je procède

1 **Coupez les blancs de poulet et la courgette en cubes et faites-les dorer dans un peu d'huile d'olive à la poêle.**

2 **Piquez-les sur des piques en bois, en alternant avec des feuilles de menthe.**

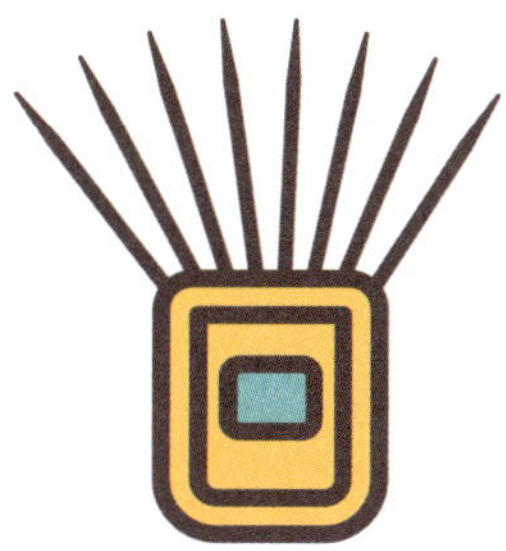

TARTINADE DE SARDINES

Il me faut...

Sardines à l'huile
1 boîte

Yaourt au soja
1 c. à s. bombée

Estragon
1 c. à c.

Comment je procède

1 **Égouttez les sardines, écrasez-les à la fourchette.**

2 **Ajoutez le yaourt au soja, l'estragon ciselé, un peu de sel et de poivre.**

3 **Servez bien frais, dans un ramequin.**

DIP AUX HERBES

Il me faut...

Yaourt coco nature*
1

Citron
1

Ciboulette
1 c. à c.

Persil
1 c. à c.

* Sans sucre ajouté.

Comment je procède

1 **Fouettez le yaourt avec le jus du citron.**

2 **Ajoutez la ciboulette et le persil ciselés.**

3 **Servez frais, avec des bâtons de légumes.**

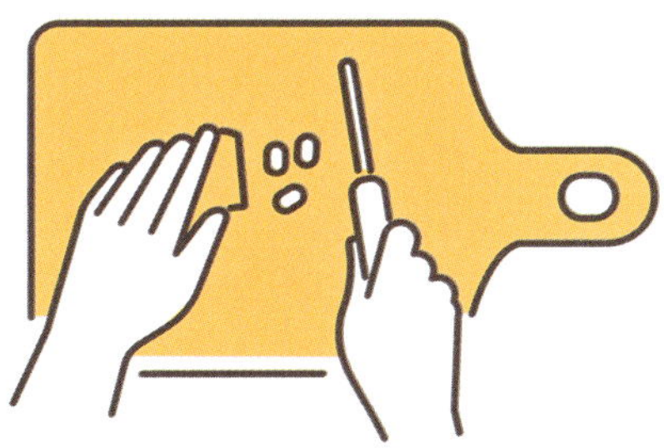

RILLETTES DE SAUMON

Il me faut...

Yaourt de soja
2 c. à s.

Saumon cuit
100 g

Citron
½

Aneth
Quelques pluches

Comment je procède

1 **Écrasez à la fourchette le saumon cuit et refroidi avec le yaourt, le jus du citron et l'aneth ciselé.**

2 **Servez très frais.**

THOÏONADE

Il me faut...

Thon au naturel
100 g

Sauce tomate nature*
100 g

Olives noires
8

Câpres
1 c. à c.

---

* Sans ail ni oignon.

Comment je procède

1 **Hachez les olives et les câpres.**

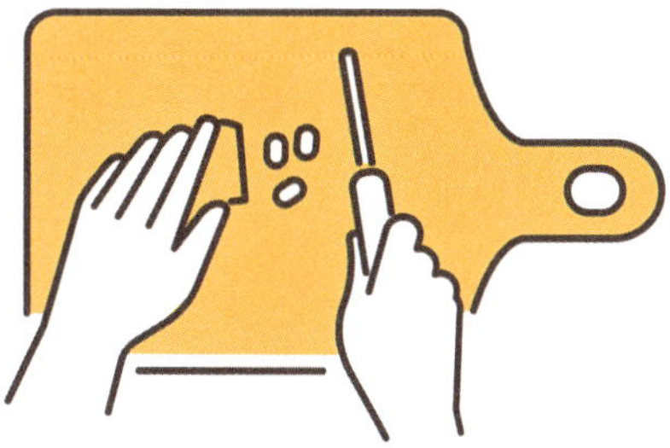

2 **Écrasez à la fourchette le thon égoutté avec la sauce tomate et le hachis d'olives et de câpres.**

3 **Servez très frais.**

DIP DE CAROTTES

Il me faut...

Carottes
200 g

Huile de noix
1 c. à s.

Ciboulette
1 c. à c.

Graines de tournesol
1 c. à c.

Comment je procède

1 Faites cuire les carottes à la vapeur.

2 Mixez-les avec l'huile de noix, la ciboulette ciselée et les graines de tournesol.
Salez et poivrez.

3 Servez frais.

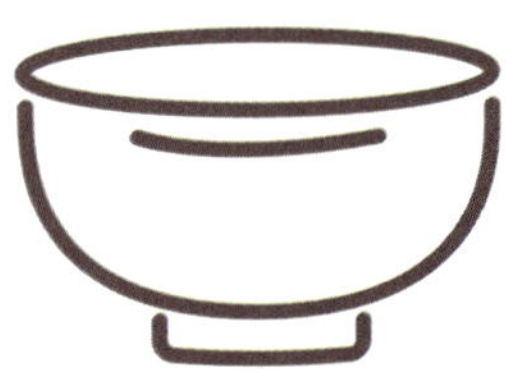

CAVIAR DE COURGETTES

Il me faut...

Courgettes
200 g

Pomme de terre
1

Huile d'olive
2 c. à s.

Thym
Quelques pincées

Comment je procède

1 **Faites cuire les courgettes et la pomme de terre à la vapeur.**

2 **Pelez la pomme de terre refroidie, coupez-la en morceaux.**

3 **Mixez tous les ingrédients, salez, poivrez. Servez frais.**

KTIPITI DE POIVRONS

Il me faut...

Poivron rouge
1

Yaourt nature
1

Paprika
Quelques pincées

Comment je procède

1 Faites cuire le poivron au four à 220 °C (th. 7-8).

2 Pelez-le, épépinez-le et coupez-le en dés.

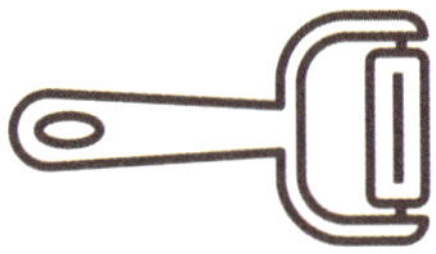

3 Mélangez tous les ingrédients, salez, poivrez. Servez frais.

FAUX TZATZIKI

Il me faut...

Concombre
1

Yaourts de soja
2

Menthe
1 c. à s. ciselée

Huile d'olive
3 c. à s.

Comment je procède

1 **Pelez, épépinez et coupez le concombre en dés.**

2 **Mélangez tous les ingrédients, salez, poivrez.**

3 **Servez frais.**

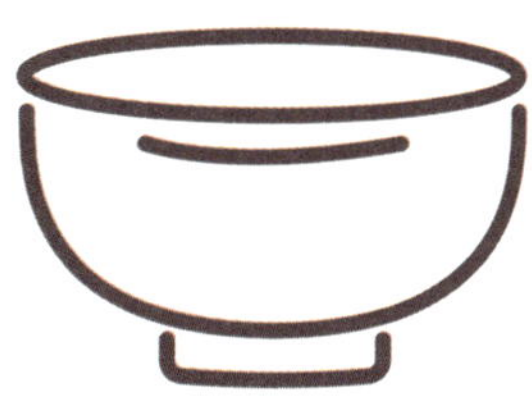

DIP DE POTIRON

Il me faut...

potiron
1 quartier

Cumin en poudre
Quelques pincées

Huile de noix
1 c. à s.

Coriandre
1 c. à c. ciselée

Comment je procède

1 **Coupez le quartier de potiron en cubes, ôtez les pépins.**

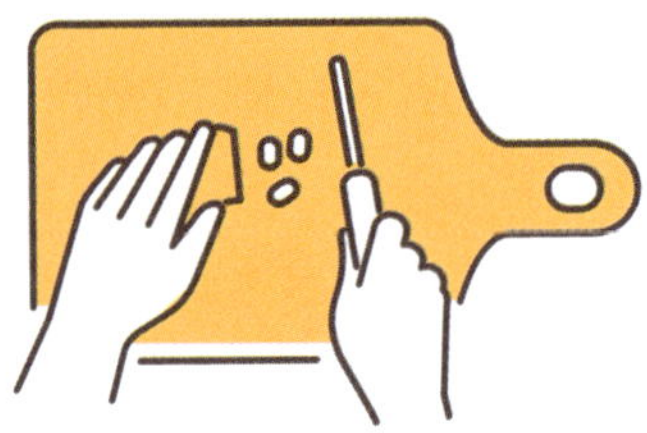

2 **Faites-les cuire.**

3 **Égouttez et mixez avec tous les ingrédients, salez, poivrez. Servez frais.**

TARTINES REPAS, FROIDES ET CHAUDES

TARTINES À L'ŒUF POCHÉ

Il me faut...

Pain au levain
4 tranches

Faux tzatziki (p. 85)
4 c. à s.

Roquette
Quelques feuilles

Œufs
4

Comment je procède

1 **Garnissez de faux tzatziki les tranches de pain toastées.**

2 **Disposez quelques feuilles de roquette et un œuf poché sur chaque tartine.**

TARTINES AU SAUMON FUMÉ

Il me faut...

Pain au levain
4 tranches

Faux tzatziki (p. 85)
4 c. à s.

Saumon fumé
4 tranches

Aneth
Quelques pluches

Comment je procède

1 **Garnissez de faux tzatziki les tranches de pain toastées.**

2 **Disposez les tranches de saumon taillées en lanières et parsemez d'aneth.**

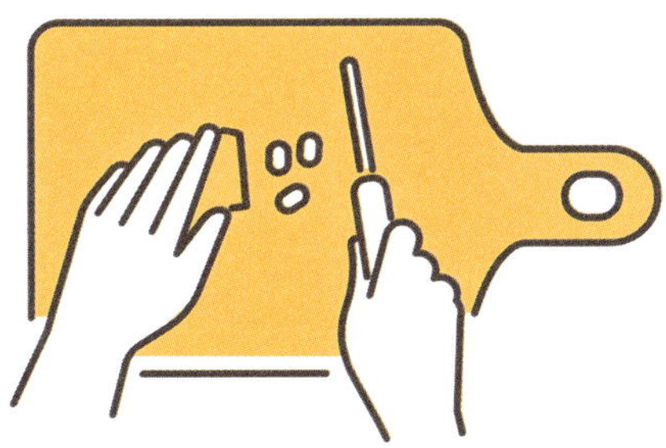

TARTINES AU JAMBON CRU

Il me faut...

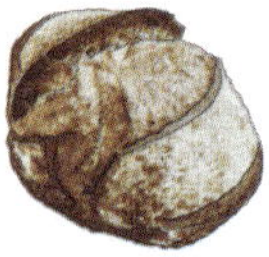

Pain au levain
4 tranches

Huile d'olive
1 filet

Tomates
2

Jambon cru dégraissé
2 tranches

Basilic
8 feuilles

Comment je procède

1 Coupez les tomates en tranches et le jambon cru en lanières.

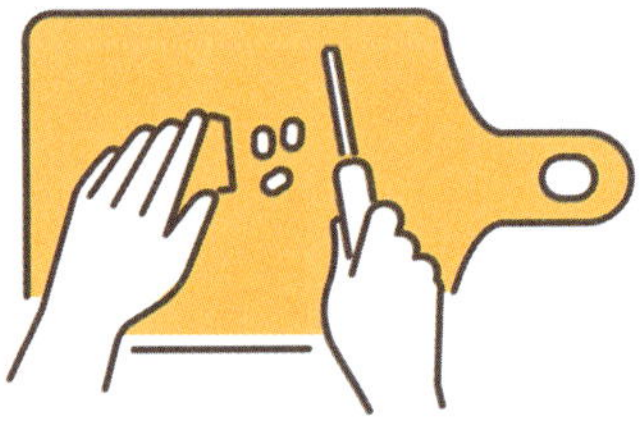

2 Garnissez-en les tranches de pain toastées.

3 Disposez des feuilles de basilic et arrosez d'un trait d'huile d'olive.

TARTINES AUX RILLETTES DE POISSON

Il me faut...

Pain au levain
4 tranches

Rillettes de saumon
(p. 80)
4 c. à s.

Rondelles de concombre
12

Ciboulette

Comment je procède

1 **Garnissez de rillettes de saumon les tranches de pain toastées.**

2 **Répartissez des rondelles de concombre et parsemez de ciboulette ciselée.**

TARTINES ÉPINARDS-JAMBON

Il me faut...

Pain au levain
4 tranches

Épinards en branches
4 c. à s cuits

Crème végétale
1 c. à s.

Jambon blanc dégraissé
2 tranches

Comté
4 c. à c. râpé

Comment je procède

1 **Garnissez les tranches de pain toastées d'épinards liés à la crème végétale.**

2 **Disposez par-dessus les tranches de jambon coupées en lanières, et parsemez de comté râpé.**

3 **Enfournez à 180 °C (th. 6) le temps de les faire gratiner.**

TARTINES POULET-TOMATE

Il me faut...

Pain au levain
4 tranches

Sauce tomate*
2 c. à s.

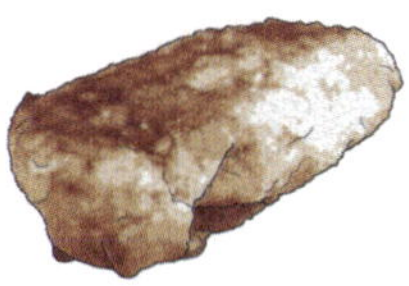

Blancs de poulet cuits
2

Olives noires
8

* Sans ail ni oignon.

Comment je procède

1 **Garnissez de sauce tomate les tranches de pain toastées.**

2 **Disposez par-dessus les blancs de poulet coupés en lanières, et les olives dénoyautées.**

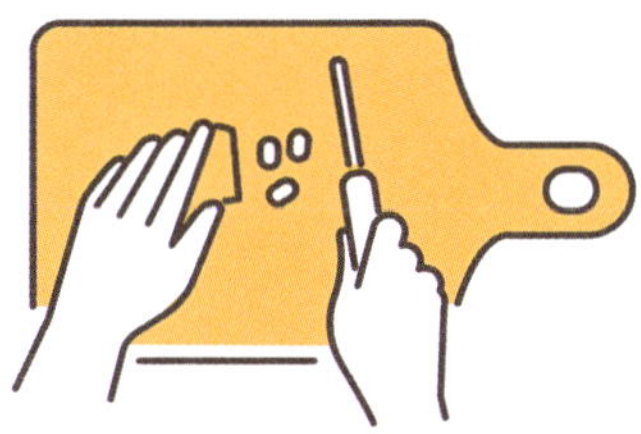

3 **Enfournez à 180 °C (th. 6).**

CRUDITÉS

CARROTTES RÂPÉES AU GINGEMBRE

Il me faut...

Carottes
4

Citron
1

Huile d'olive
1 trait

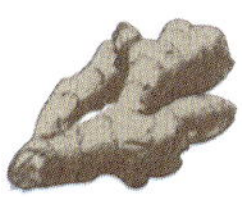

Gingembre frais
1 c. à s. râpé

Ciboulette

Comment je procède

1 **Pelez et râpez les carottes.**

2 **Ajoutez le jus du citron et les autres ingrédients.**

3 **Mélangez.**

CÉLERI FAUSSEMENT RÉMOULADE

Il me faut...

Céleri-rave
¼

Citron
1

Yaourt de soja
1

Huile de noix
1 trait

Moutarde à l'ancienne
1 pointe

Comment je procède

1 **Pelez et râpez le céleri.**

2 **Ajoutez le jus du citron et les autres ingrédients.**

3 **Mélangez.**

TAGLIATELLES DE COURGETTES

Il me faut...

Courgettes
4 fines

Tomates confites à l'huile
8 pétales

Citron
1

Basilic
Quelques feuilles

Comment je procède

1 **Taillez les courgettes en fines lanières à l'aide d'une mandoline.**

2 **Mettez-les dans un saladier avec le jus du citron, les pétales de tomates égouttés et coupés en dés (et de l'huile du bocal) et du basilic.**

3 **Mélangez et servez frais.**

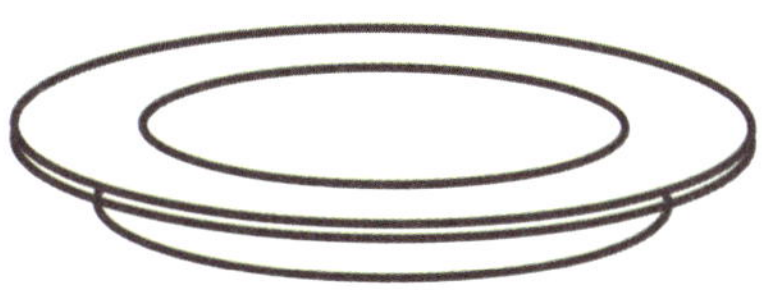

SALADE DE HARICOTS VERTS À L'ORANGE

Il me faut...

Haricots verts cuits
600 g

Orange
1

Huile d'olive
4 c. à s.

Citron
1

Graines de fenouil
1 c. à c.

Comment je procède

1 **Pelez l'orange à vif et détachez-en les quartiers. Pressez le citron.**

2 **Mélangez tous les ingrédients dans un saladier.**

VINAIGRETTES ET SAUCES CHAUDES

ASIATIQUE

Il me faut...

Huile de sésame
8 c. à s.

Vinaigre de riz
4 c. à s.

Tamari*
1 c. à c.

Gingembre
1 c. à c. râpé

Coriandre
1 c. à c. ciselée

* Sauce soja sans gluten à teneur réduite en sel.

Comment je procède

1 **Mélangez tous les ingrédients dans une bouteille en verre.**

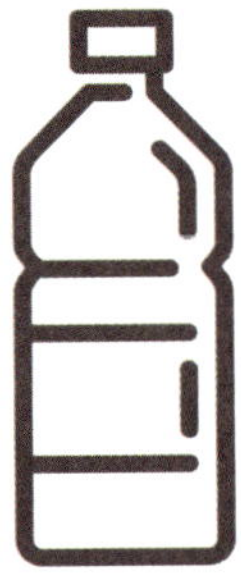

2 **Secouez.**

3 **Conservez au frais.**

À L'INDIENNE

Il me faut...

Lait de coco
20 cl

Citron
1 pressé

Curry
½ c. à c.

Coriandre
1 c. à c. ciselée

Comment je procède

1 **Mélangez tous les ingrédients dans une bouteille en verre.**

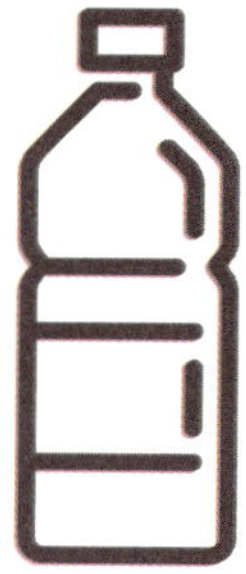

2 **Secouez.**

3 **Conservez au frais.**

TRADI

Il me faut...

Moutarde à l'ancienne
1 c. à c.

Huile de noix
8 c. à s.

Vinaigre de vin
4 c. à s.

Comment je procède

1 **Mélangez tous les ingrédients dans une bouteille en verre.**

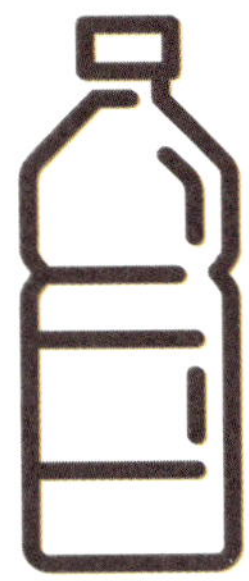

2 **Secouez.**

3 **Conservez au frais.**

FRUITÉE

Il me faut...

Fraises
5 très mûres

Vinaigre de framboise
2 c. à s.

Huile de colza
4 c. à s.

Comment je procède

1 **Mixez les fraises en coulis. Mélangez tous les ingrédients dans une bouteille en verre.**

2 **Salez, poivrez, secouez.**

3 **Conservez au frais.**

AU LIN

Il me faut...

Moutarde
1 c. à c.

Huile de lin
3 c. à s.

Vinaigre de cidre
4 c. à s.

Graines de lin doré
1 c. à c.

Comment je procède

1 **Mélangez tous les ingrédients dans une bouteille en verre.**

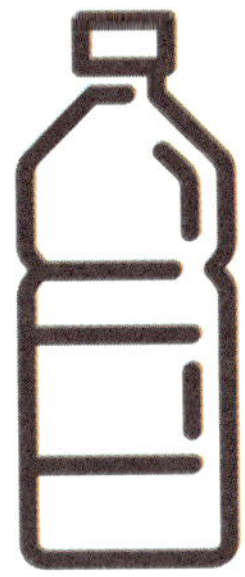

2 **Salez, poivrez, secouez.**

3 **Conservez au frais.**

À LA GRECQUE

Il me faut...

Olives noires
8 dénoyautées

Citrons
2

Huile d'olive
15 cl

Comment je procède

1 **Hachez les olives, pressez les citrons.**

2 **Mélangez tous les ingrédients dans une bouteille en verre.**

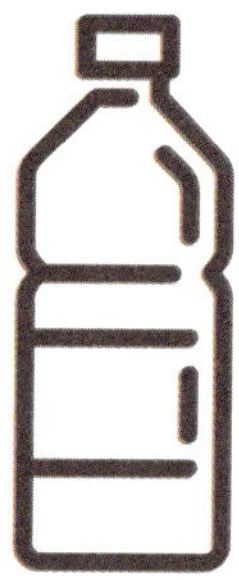

3 **Salez, poivrez, secouez.**

4 **Conservez au frais.**

À L'ANETH

Il me faut...

Yaourt nature
1

Citron
1

Aneth
1 c. à s. ciselé

Comment je procède

1 **Pressez le citron. Mélangez tous les ingrédients dans une bouteille en verre.**

2 **Salez, poivrez, secouez.**

3 **Conservez au frais.**

À L'ORANGE

Il me faut...

Moutarde
1 c. à c.

Orange
3 c. à s. de jus

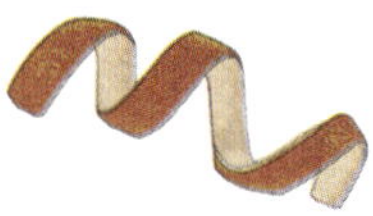

Zeste d'orange
1 c. à c. râpé

Ciboulette
1 c. à c. ciselée

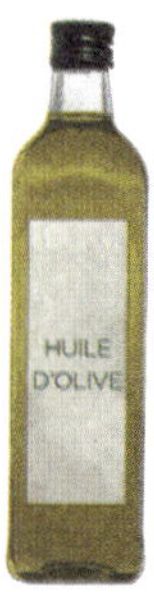

Huile d'olive
6 c. à s.

Comment je procède

1 **Mélangez tous les ingrédients dans une bouteille en verre.**

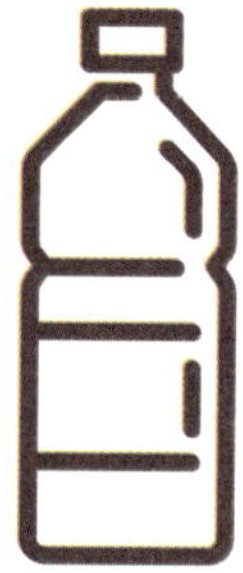

2 **Salez, poivrez, secouez.**

3 **Conservez au frais.**

LÉGÈRE AU PAMPLEMOUSSE

Il me faut...

Yaourt nature
1

Pamplemousse
4 c. à s. de jus

Citron
1 c. à s. de jus

Comment je procède

1 **Mélangez tous les ingrédients dans une bouteille en verre.**

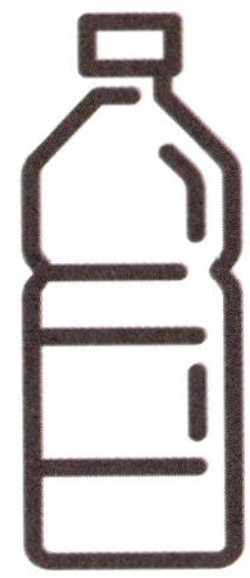

2 **Salez, poivrez, secouez.**

3 **Conservez au frais.**

À L'ITALIENNE

Il me faut...

Tomates séchées
4

Huile d'olive
6 c. à s.

Citron
6 c. à s. de jus

Comment je procède

1 **Mixez les tomates séchées.**

2 **Mélangez tous les ingrédients dans une bouteille en verre.**

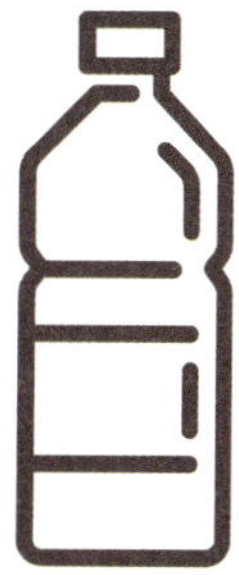

3 **Salez, poivrez, secouez.**

4 **Conservez au frais.**

SAUCE CHAUDE À LA CACAHUÈTE

Il me faut...

Lait de coco
20 cl

Purée de cacahuètes*
2 c. à s.

* Avec des morceaux.

Comment je procède

1 **Chauffez les ingrédients dans une casserole sur feu moyen avec un peu de sel et de poivre, en remuant jusqu'à obtention d'une sauce homogène.**

➔ Parfaite avec des légumes ou du poulet.

SAUCE CHAUDE À LA CAROTTE

Il me faut...

Carottes
8

Lait de coco
20 cl

Coriandre

Comment je procède

1 **Pelez les carottes, coupez-les en rondelles, faites-les cuire à l'eau bouillante salée.**

2 **Égouttez, mixez avec le lait de coco, de la coriandre ciselée, et ce qu'il faut d'eau de cuisson pour obtenir une sauce homogène.**

➔ Parfaite avec des pâtes.

BÉCHAMEL LOW FODMAPS

Il me faut...

Maïzena
50 g

Lait délactosé
50 cl

Comment je procède

1 **Délayez la Maïzena dans un peu d'eau froide.**

2 **Chauffez le lait délactosé dans une casserole. Quand il frémit, versez la Maïzena délayée et faites épaissir sur feu doux en remuant sans cesse jusqu'à ce que la sauce épaississe.**

3 **Salez et poivrez légèrement.**

SAUCE TOMATE LOW FODMAPS

Il me faut...

Tomates concassées en boîte
800 g

Origan
1 c. à c.

Huile d'olive
2 c. à s.

Comment je procède

1 **Chauffez l'huile dans une sauteuse, ajoutez l'origan, les tomates, salez, poivrez et laissez cuire à découvert, jusqu'à ce que la sauce épaississe.**

➔ Parfaite avec des pâtes.

PESTO LOW FODMAPS

Il me faut...

Basilic
1 gros bouquet

Pignons de pin
25 g

Parmesan
60 g râpés

Citron
½

Huile d'olive

Comment je procède

1 **Faites dorer les pignons dans une poêle antiadhésive sans ajout de matière grasse.**

2 **Rincez et séchez le basilic, détachez les feuilles des tiges.**

3 **Mixez tous les ingrédients avec de l'huile d'olive jusqu'à obtention d'une pâte homogène.**

➔ Parfaite avec des pâtes.

SAUCE À LA CORIANDRE

Il me faut...

Lait de coco
25 cl

Tomate
1

Coriandre
2 c. à s.

Comment je procède

1 **Chauffez le lait de coco dans une petite casserole avec la tomate pelée, épépinée et coupée en dés.**

2 **Salez et poivrez.**

3 **Au moment de servir, ajoutez la coriandre ciselée.**

SAUCE À LA COURGETTE

Il me faut...

Courgettes
2

Lait de coco
20 cl

Ciboulette
2 c. à s.

Comment je procède

1 **Coupez les courgettes en rondelles, faites-les cuire à l'eau bouillante salée.**

2 **Mixez avec le lait de coco (et un peu d'eau de cuisson si besoin) de façon à obtenir une sauce fluide et homogène.**

3 **Ajoutez la ciboulette ciselée.**

SAUCE AU POTIRON

Il me faut...

Lait de coco
25 cl

Potiron
1 quartier

Curry
Quelques pincées

Comment je procède

1 **Détaillez la chair du potiron en dés, faites-les cuire à l'eau bouillante salée.**

2 **Mixez avec le lait de coco et le curry (et un peu d'eau de cuisson si besoin) de façon à obtenir une sauce fluide et homogène.**

SAUCE SAFRANÉE

Il me faut...

Lait de coco
25 cl

Safran
1 dosette

Comment je procède

1 **Versez le safran dans une petite casserole, rincez la dosette avec 1 c. à s. d'eau et versez dans la casserole avec le lait.**

2 **Chauffez, salez et poivrez légèrement.**

SAUCE TOUTE VERTE À LA MÂCHE

Il me faut...

Mâche
200 g

Lait de coco
20 cl

Comment je procède

1 **Rincez et essorez la mâche, puis coupez les pieds des bouquets.**

2 **Mettez le tout dans une casserole avec un fond d'eau et faites cuire le temps qu'elle fonde.**

3 **Mixez avec le lait de coco, salez et poivrez.**

SAUCE CRÉMEUSE AUX HERBES

Il me faut...

Lait de coco
20 cl

Persil
4 brins

Coriandre
4 brins

Ciboulette
4 brins

Comment je procède

1. **Rincez et essorez les herbes, ciselez-les.**

2. **Mixez avec le lait de coco, salez et poivrez.**

➔ Avec un poisson blanc cuit vapeur, un blanc de volaille...

GRATINS

GRATIN DE COURGETTES

Il me faut...

Courgettes
8

Crème végétale de riz
40 cl

Riz basmati
100 g

Parmesan
3 c. à s. râpé

Comment je procède

1 **Taillez les courgettes en fines rondelles.**

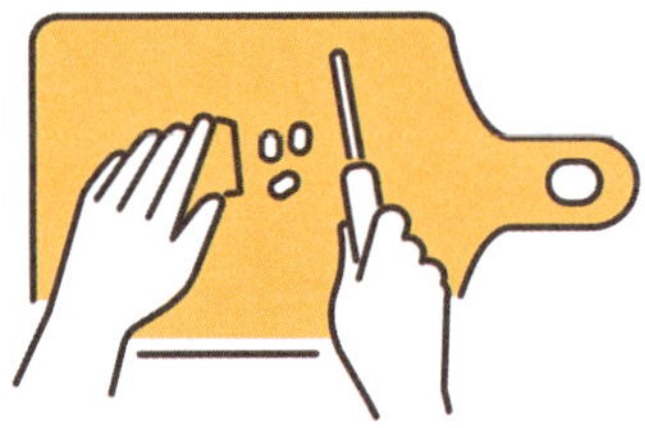

2 **Dans un plat à four huilé, disposez une couche de courgettes, une couche de crème végétale, une couche de riz, puis une couche de courgettes, une couche de riz et une de crème.**

3 **Parsemez de parmesan et enfournez à 180 °C (th. 6).**

GRATIN DE POTIRON

Il me faut...

Potiron
600 g de chair

Béchamel low Fodmaps (p. 112)

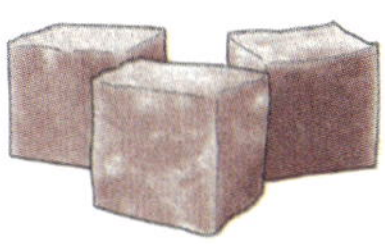

Jambon
200 g de dés

Noisettes concassées
50 g

Comment je procède

1 **Dans un plat à four huilé, disposez le potiron détaillé en cubes puis cuits à la vapeur et les dés de jambon.**

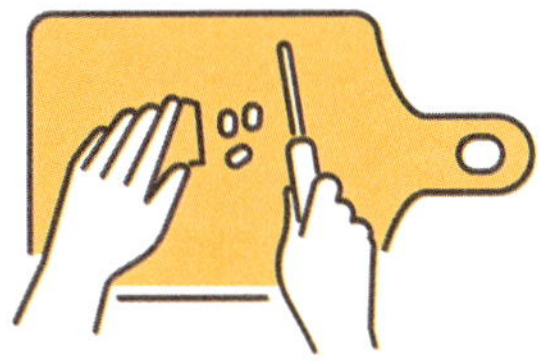

2 **Nappez de béchamel low Fodmaps, parsemez de fromage râpé.**

3 **Enfournez à 180 °C (th. 6).**

4 **Parsemez de noisettes concassées et faites dorer.**

GRATIN DE PÂTES

Il me faut…

Pâtes sans gluten
300 g

Œufs
4

Crème végétale cuisine
20 cl

Fromage râpé
60 g

Comment je procède

1 **Fouettez les œufs avec la crème puis ajoutez les pâtes cuites.**

2 **Salez, poivrez, versez dans un plat à four huilé et parsemez de fromage râpé.**

3 **Enfournez à 180 °C (th. 6).**

GRATIN D'ÉPINARDS AU SAUMON

Il me faut...

Épinards en branches
800 g

Béchamel low Fodmaps (p. 112)

Saumon
300 g

Comment je procède

1 **Mélangez les épinards cuits et la béchamel.**

2 **Ajoutez le saumon coupé en cubes.**

3 **Salez, poivrez, versez dans un plat à four huilé et enfournez à 180 °C (th. 6).**

GRATIN MULTILÉGUMES ET JAMBON

Il me faut…

Légumes cuits*
800 g

Œufs
4

Crème végétale cuisine
20 cl

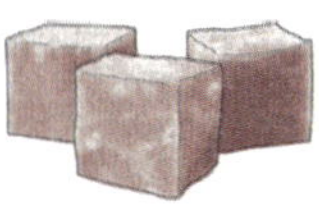

Jambon blanc
100 g de dés

Parmesan
50 g râpés

---

* Carottes, courgettes, haricots verts…

Comment je procède

1 **Fouettez les œufs avec la crème puis ajoutez les légumes en dés et le jambon.**

2 **Salez, poivrez, versez dans un plat à four huilé et parsemez de parmesan râpé.**

3 **Enfournez à 180 °C (th. 6).**

GRATIN DE CÉLERI-RAVE AUX LARDONS

Il me faut...

Céleri-rave
1 bulbe

Béchamel low Fodmaps (p. 112)

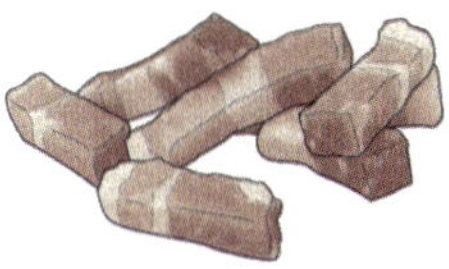

Petits lardons
100 g

Comment je procède

1 **Pelez le céleri-rave, coupez-le en cubes et faites-les cuire à la vapeur.**

2 **Faites suer les lardons dans une poêle et égouttez-les sur du papier absorbant.**

3 **Disposez les cubes de céleri dans un plat à four huilé, répartissez les lardons, nappez de béchamel low Fodmaps puis enfournez à 210 °C (th. 7).**

GRATIN DE QUINOA AUX CAROTTES

Il me faut…

Quinoa
250 g

Œufs
4

Crème végétale cuisine
20 cl

Carottes
4

Roquefort
50 g

Comment je procède

1 **Pelez et râpez les carottes.**

2 **Faites cuire le quinoa à l'eau bouillante salée.**

3 **Fouettez les œufs avec la crème puis ajoutez le quinoa et les carottes.**

4 **Salez, poivrez, versez dans un plat à four huilé et parsemez de roquefort émietté. Enfournez à 180 °C (th. 6).**

GRATIN DE PATATES DOUCES AU TOFU FUMÉ

Il me faut...

Patates douces
2

Œufs
4

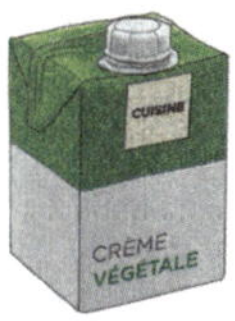

Crème végétale cuisine
20 cl

Tofu fumé
200 g

Noisettes
50 g

Comment je procède

1 Pelez les patates douces et coupez-les en cubes. Faites-les cuire à la vapeur.

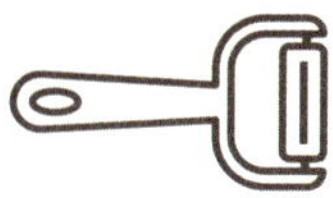

2 Disposez-les dans un plat à four huilé ainsi que le tofu en dés. Recouvrez avec les œufs battus avec la crème, du sel et du poivre, et enfournez à 210 °C (th. 7).

3 Parsemez de noisettes concassées 5 minutes avant la fin de la cuisson.

GRATIN D'ENDIVES À LA BÉCHAMEL

Il me faut…

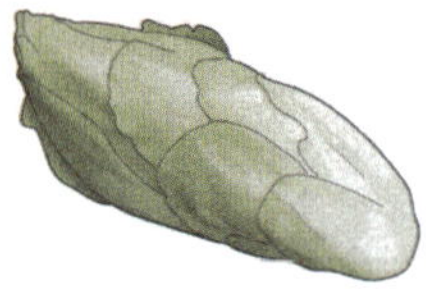

Endives
8

Jambon blanc
4 tranches

Béchamel low Fodmaps (p. 112)

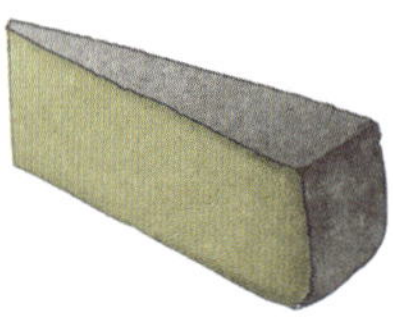

Comté
50 g

Comment je procède

1 **Faites cuire les endives à la vapeur.**

2 **Enroulez-les chacune dans ½ tranche de jambon blanc.**

3 **Rangez-les dans un plat à four huilé, nappez de béchamel, parsemez de comté râpé, et enfournez à 210 °C (th. 7).**

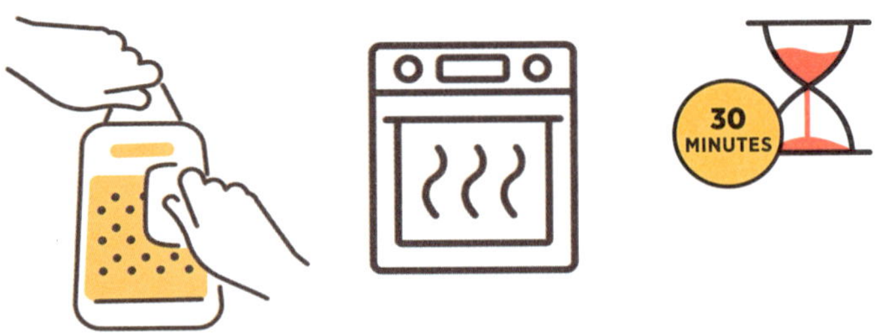

SALADES REPAS

SALADE DE PÂTES AU POULET

Il me faut...

Pâtes de riz
250 g

Blancs de poulet
4

Radis roses
1 botte

Citron
1

Huile d'olive
1 trait

Comment je procède

1 **Faites cuire les pâtes selon les indications du paquet, à l'eau bouillante salée. Égouttez et laissez refroidir.**

2 **Mélangez-les avec le poulet cuit et émincé, les radis en rondelles, le jus du citron et l'huile dans un saladier.**

SALADE DE SARRASIN AU CRABE

Il me faut...

Sarrasin
300 g

Grenade
½

Crabe (en boîte)
200 g de chair égouttée

Cœurs de palmier
1 bocal

Huile d'olive
4 c. à s.

Citron
1

Comment je procède

1 **Faites cuire le sarrasin selon les indications du paquet, à l'eau bouillante salée. Égouttez et laissez refroidir.**

2 **Coupez les cœurs de palmier en tronçons.**

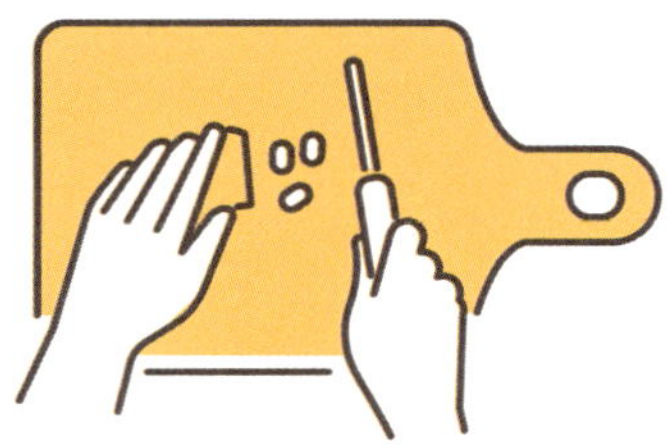

3 **Pressez le citron et mélangez tous les ingrédients dans un saladier.**

SALADE DE QUINOA AUX ŒUFS MOLLETS

Il me faut…

Quinoa
250 g

Haricots verts
400 g cuits et refroidis

Œufs mollets
4

Pignons
2 c. à s.

Huile de noix
4 c. à s.

Vinaigre de cidre
2 c. à s.

Comment je procède

1 **Faites cuire le quinoa selon les indications du paquet, à l'eau bouillante salée. Égouttez et laissez refroidir.**

2 **Écalez les œufs et coupez-les en 2.**

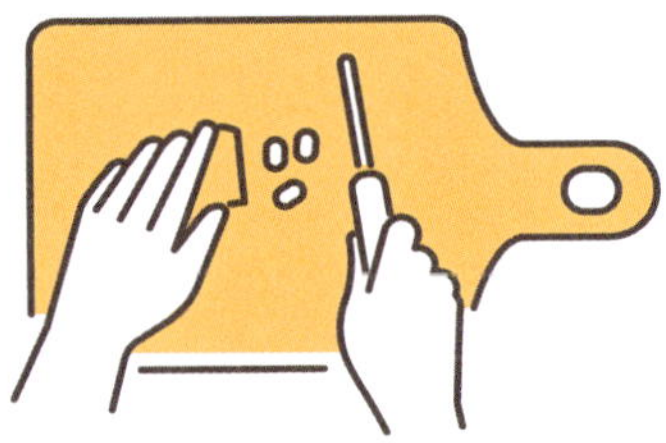

3 **Mélangez tous les ingrédients dans un saladier.**

SALADE DE POMMES DE TERRE AU POULET

Il me faut...

Pommes de terre
8 moyennes

Mâche
2 poignées

Blancs de poulet
200 g

Huile d'olive
4 c. à s.

Citron
1

Coriandre
2 c. à s.

Comment je procède

1 **Pelez les pommes de terre cuites et refroidies, coupez-les en dés ainsi que les blancs de poulet cuits.**

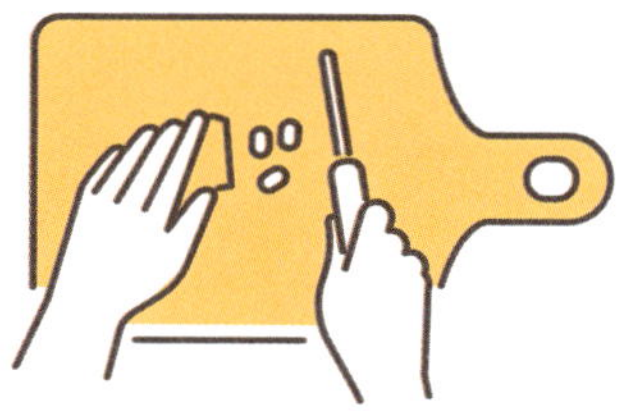

2 **Pressez le citron, ciselez la coriandre et mélangez tous les ingrédients dans un saladier.**

SALADE AVOCAT, THON, ÉPINARDS

Il me faut...

Pousses d'épinards
2 poignées

Avocats
2

Haricots verts
400 g cuits et refroidis

Thon au naturel
1 grosse boîte

Huile d'olive
4 c. à s.

Citron
1

Comment je procède

1 **Égouttez le thon et émiettez-le.**

2 **Pressez le citron et mélangez tous les ingrédients dans un saladier.**

SALADE CÉSAR REVISITÉE

Il me faut…

Blancs de poulet
4

Romaine
1

Tranches de pain sans gluten
4

Huile d'olive
3 c. à s.

Citron
1

Copeaux de parmesan
100 g

Comment je procède

1 Chauffez l'huile dans une poêle et faites-y dorer les blancs de poulet coupés en cubes.

2 Coupez le pain en dés et faites-les dorer dans une poêle légèrement huilée (sans les faire noircir).

3 Émincez la salade lavée et essorée, mettez-la dans un plat avec un filet d'huile, le jus du citron, le poulet, les croûtons et le parmesan. Mélangez et servez aussitôt.

NIÇOISE EXPRESS

Il me faut...

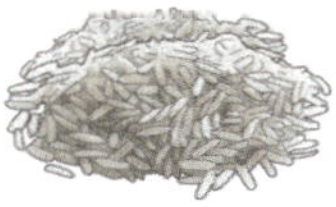

Riz basmati cuit
600 g

Thon au naturel
1 grosse boîte

Câpres
1 c. à s.

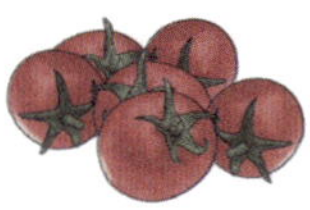

Tomates cerises
250 g

Huile d'olive
4 c. à s.

Citron
1

Comment je procède

1 **Égouttez le thon.**

2 **Pressez le citron.**

3 **Coupez les tomates en deux.**

4 **Mélangez tous les ingrédients dans un saladier.**

CARPACCIO DE BŒUF

Il me faut...

Tranches de carpaccio
400 g

Roquette
4 poignées

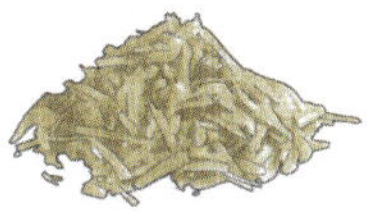

Parmesan
100 g de copeaux

Câpres
4 c. à c.

Huile d'olive
1 filet

Comment je procède

1 **Disposez les tranches de carpaccio sur 4 assiettes.**

2 **Ajoutez la roquette au centre. Répartissez le parmesan et les câpres.**

4 **Arrosez d'huile d'olive et servez aussitôt.**

PLATS UNIQUES

RIZ COMME UN CANTONAIS

Il me faut...

Riz basmati
250 g

Jambon blanc
100 g de dés

Œufs
4

Courgettes
4

Huile d'olive
4 c. à s.

Ciboulette
1 c. à s. ciselée

Comment je procède

1 **Battez les œufs et faites-les cuire en omelette avant de la couper en dés.**

2 **Faites cuire le riz selon les indications du paquet, à l'eau bouillante salée.**

3 **Chauffez l'huile et faites-y revenir les courgettes taillées en dés, jusqu'à ce qu'elles soient tendres et dorées.**

4 **Ajoutez le riz égoutté et les ingrédients restants.**

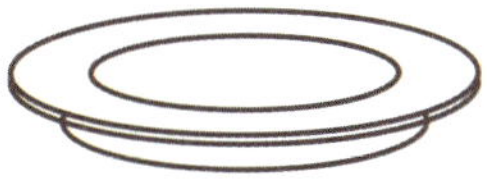

RIZ AUX FRUITS DE MER

Il me faut...

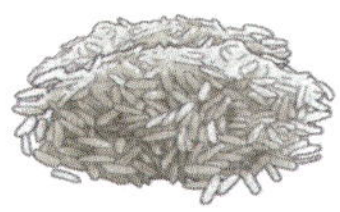

Riz basmati
250 g

Cocktail de fruits de mer surgelés*
400 g

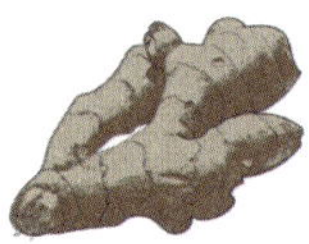

Gingembre
1 c. à c. râpé

Huile d'olive
2 c. à s.

* Moules, crevettes, calamars, pétoncles...

Comment je procède

1 **Faites cuire le riz selon les indications du paquet, à l'eau bouillante salée. Égouttez.**

2 **Faites décongeler les fruits de mer dans une casserole, égouttez l'eau rendue.**

3 **Chauffez l'huile, faites-y revenir les fruits de mer et le gingembre, puis ajoutez le riz et laissez revenir quelques instants avant de servir.**

NOUILLES DE RIZ AU TOFU

Il me faut...

Nouilles de riz
250 g

Tofu

Carottes
2

Huile d'olive
2 c. à s.

Coriandre

Comment je procède

1 **Faites cuire les nouilles selon les indications du paquet, à l'eau bouillante salée. Égouttez.**

2 **Chauffez l'huile dans une poêle et faites-y dorer le tofu coupé en dés, puis ajoutez les carottes pelées et coupées en petits dés.**

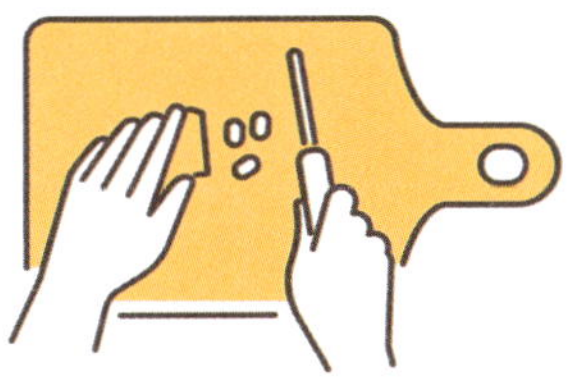

3 **Mélangez avec les nouilles et parsemez de coriandre ciselée.**

MOULES AU CITRON CONFIT

Il me faut...

Moules
2 litres

Citron confit au sel
1

Persil
2 c. à s.

Huile d'olive
1 c. à s.

Comment je procède

1 **Coupez le citron confit en dés. Chauffez l'huile dans une cocotte. Ajoutez les moules et laissez ouvrir sur feu vif en remuant.**

2 **Ajoutez le citron confit, poivrez et versez un verre d'eau. Laissez cuire à couvert.**

3 **Parsemez de persil ciselé.**

SPAGHETTIS DE SARRASIN AUX CREVETTES

Il me faut...

Spaghettis de sarrasin
250 g

Crevettes roses cuites et décortiquées
20

Curcuma
Quelques pincées

Huile d'olive
2 c. à s.

Comment je procède

1 **Faites cuire les spaghettis selon les indications du paquet, à l'eau bouillante salée. Égouttez.**

2 **Chauffez l'huile dans une poêle et faites-y revenir les crevettes avec le curcuma.**

3 **Ajoutez aux spaghettis et mélangez.**

TAGLIATELLES À L'ESPAGNOLE

Il me faut...

Tagliatelles sans gluten
250 g

Tomates pelées concassées
1 petite boîte

Moules surgelées
500 g

Safran
1 capsule

Comment je procède

1 **Faites cuire les tagliatelles à l'eau bouillante salée, selon les indications du paquet.**

2 **Pendant ce temps, faites décongeler les moules à la casserole, égouttez-les puis ajoutez les tomates concassées et le safran.**

3 **Laissez réduire et servez avec les tagliatelles.**

SAUTÉ DE BŒUF À L'ASIATIQUE

Il me faut…

Nouilles de riz
250 g

Pavé de bœuf
400 g d'émincés

Carottes
4

Coriandre
2 c. à s.

Huile d'olive
1 trait

Comment je procède

1 **Faites cuire les nouilles à l'eau bouillante salée, selon les indications du paquet. Égouttez.**

2 **Chauffez l'huile dans une poêle, faites dorer les carottes coupées en bâtonnets.**

3 **Ajoutez les émincés de bœuf et faites cuire à feu vif.**

4 **Incorporez les nouilles et la coriandre ciselée.**

QUINOA À LA DINDE ET À L'ANANAS

Il me faut...

Quinoa
250 g

Aiguillettes de dinde
400 g

Ananas
200 g

Coriandre
2 c. à s.

Huile d'olive
1 trait

Comment je procède

1 **Faites cuire le quinoa à l'eau bouillante salée, selon les indications du paquet. Égouttez.**

2 **Chauffez l'huile dans une poêle, faites dorer les aiguillettes de dinde de tous les côtés. Salez, poivrez.**

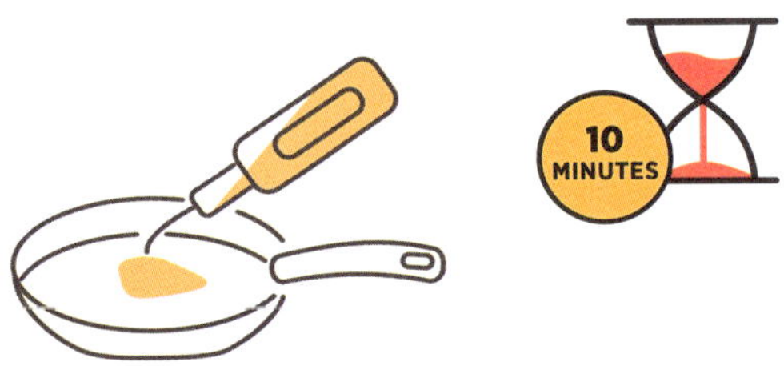

3 **Ajoutez l'ananas en dés, la coriandre ciselée et le quinoa et poursuivez la cuisson.**

RIZ AUX MOULES ET À L'AVOCAT

Il me faut...

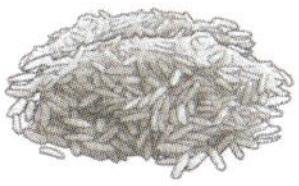

Riz basmati
250 g

Moules surgelées
500 g

Avocat
1

Coriandre
2 c. à s.

Comment je procède

1 Faites cuire le riz à l'eau bouillante salée, selon les indications du paquet.

2 Pendant ce temps, faites décongeler les moules à la casserole, égouttez-les.

3 Mélangez-les avec le riz égoutté, l'avocat coupé en dés et la coriandre ciselée.

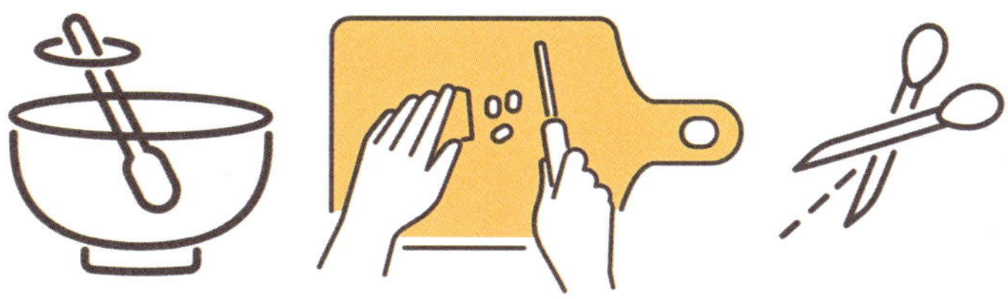

PENNE AUX SARDINES

Il me faut...

Penne sans gluten
250 g

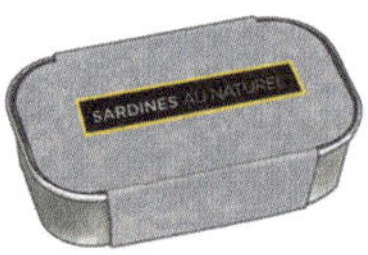

Sardines au naturel
2 boîtes

Câpres
2 c. à s.

Thym
1 brin

Comment je procède

1 **Faites cuire les penne à l'eau bouillante salée, selon les indications du paquet. Égouttez.**

2 **Ajoutez les sardines grossièrement coupées en morceaux, un peu de thym et les câpres.**

FILET MIGNON À LA PURÉE DE CAROTTES

Il me faut...

Carottes
1 kg

Filet mignon de porc
400 g

Moutarde à l'ancienne
4 c. à s.

Huile d'olive
5 c. à s.

Cumin
1 c. à c.

Comment je procède

1 Enduisez le filet mignon de moutarde. Chauffez 2 c. à s. d'huile dans une cocotte, faites-y dorer le filet sur toutes les faces. Ajoutez un verre d'eau, couvrez et faites mijoter sur feu doux.

2 Pendant ce temps, épluchez les carottes, coupez-les en rondelles et faites-les cuire à la vapeur.

3 Écrasez-les avec le cumin, 3 c. à s. d'huile d'olive, du sel et du poivre. Servez le filet mignon en tranches avec la purée de carottes.

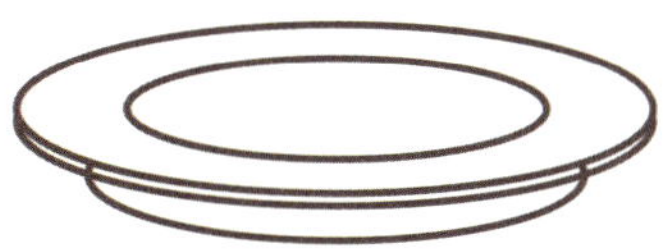

CREVETTES À L'ORANGE

Il me faut...

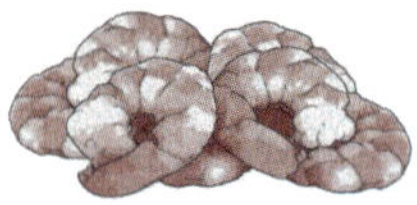

Queues de crevettes décortiquées, surgelées
500 g

Orange
1

Huile d'olive
3 c. à s.

Curry
1 c. à c. bombée

Riz basmati
250 g

Comment je procède

1 **Pelez l'orange à vif et détachez les quartiers.**

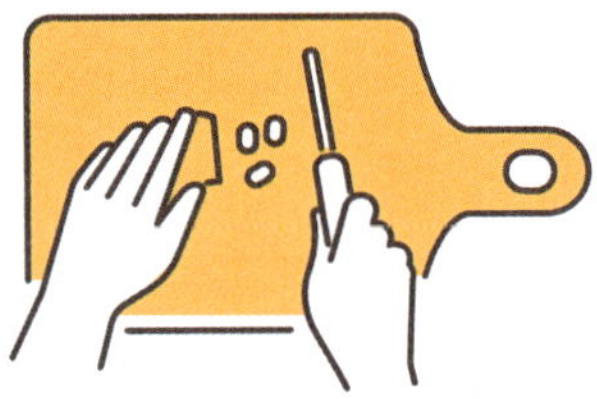

2 **Chauffez l'huile dans une sauteuse et faites revenir les crevettes, encore surgelées.**

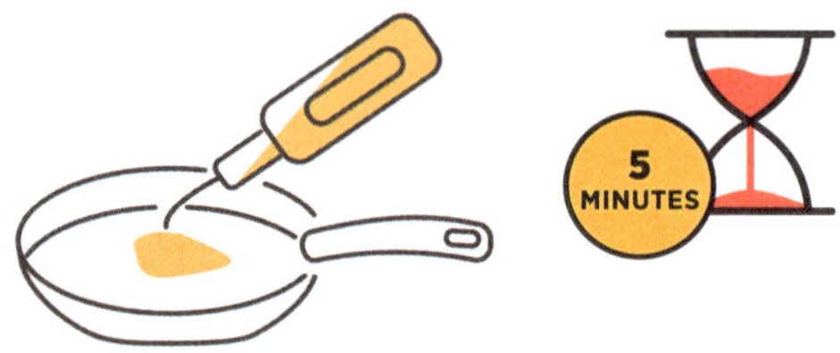

3 **Quand l'eau est évaporée, ajoutez le curry.**

4 **Faites cuire le riz à l'eau bouillante salée, selon les indications du paquet. Égouttez, servez avec les crevettes et les quartiers d'orange.**

PAVÉ DE BŒUF AUX FRITES DE PATATE DOUCE

Il me faut...

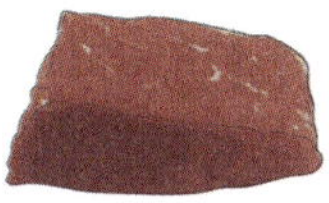

Pavés de bœuf
4

Huile d'olive
2 c. à s.

Patates douces
2

Comment je procède

1 **Pelez les patates douces, coupez-les en bâtonnets, arrosez d'huile d'olive, salez légèrement et étalez sur une plaque à four recouverte de papier sulfurisé. Faites-les cuire au four, à 210 °C (th. 7).**

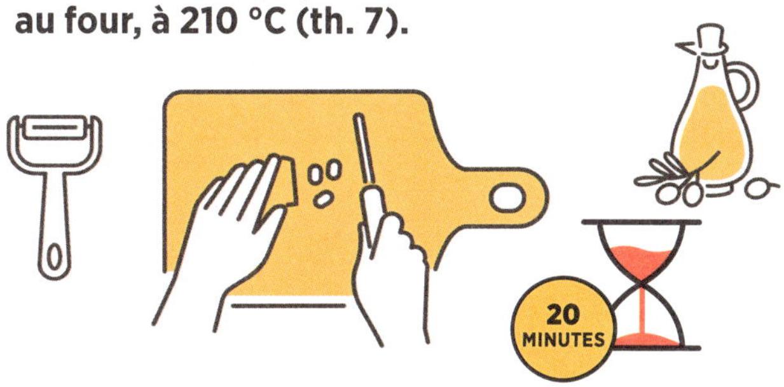

2 **Faites griller les pavés selon la cuisson souhaitée.**

3 **Servez aussitôt avec les frites de patates douces.**

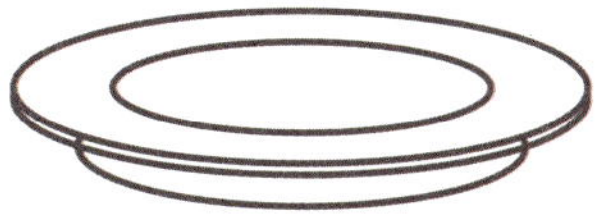

GALETTE COMPLÈTE

Il me faut...

Galettes de sarrasin*
4

Sauce tomate nature
1 bocal

Jambon blanc
4 tranches

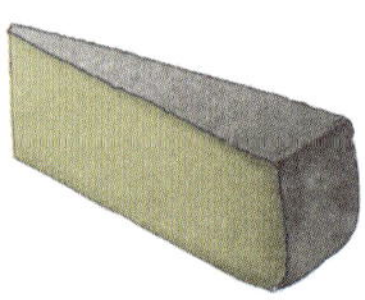

Comté râpé
60 g

Origan

* Maison ou en magasins bio.

Comment je procède

1 **Garnissez chaque galette de sarrasin avec un peu de sauce tomate, une tranche de jambon blanc, du fromage râpé et de l'origan.**

2 **Repliez les bords sur la garniture et enfournez à 210 °C (th. 7).**

3 **Servez aussitôt.**

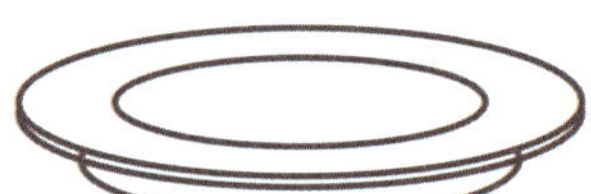

ŒUFS BROUILLÉS À LA TOMATE ET AU BASILIC

Il me faut…

Œufs
6

Tomates
4

Huile d'olive
2 c. à s.

Basilic
2 c. à s.

Comment je procède

1 **Chauffez l'huile dans une sauteuse, faites fondre les tomates coupées en dés et épépinées avec du sel et du poivre jusqu'à ce qu'elles aient rendu toute leur eau.**

2 **Battez les œufs avec le basilic ciselé. Versez-les dans la sauteuse et laissez cuire en remuant doucement, jusqu'à obtention de la texture désirée.**

3 **Servez aussitôt.**

SPAGHETTIS AUX SAINT-JACQUES BASILIC CITRON

Il me faut...

Spaghettis sans gluten
300 g

Noix de Saint-Jacques
16

Huile d'olive
3 c. à s.

Citron
1

Basilic
2 c. à s.

Comment je procède

1 Faites cuire les spaghettis à l'eau bouillante salée, selon les indications du paquet.

2 Chauffez l'huile dans une grande poêle, saisissez-y les noix de Saint-Jacques en les retournant à mi-cuisson.

3 Ajoutez le jus de citron, salez, poivrez, ajoutez le basilic ciselé et les spaghettis égouttés.

SAUMON AU LAIT DE COCO

Il me faut...

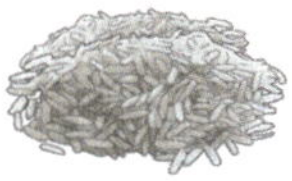

Riz basmati
250 g

Saumon
4 pavés

Lait de coco
20 cl

Huile d'olive
1 c. à s.

Coriandre
1 c. à s.

Comment je procède

1 **Chauffez l'huile dans une poêle antiadhésive et faites dorer les pavés de saumon en les retournant à mi-cuisson.**

2 **Salez, poivrez, versez le lait de coco et poursuivez la cuisson.**

3 **Faites cuire le riz à l'eau bouillante salée, selon les indications du paquet. Égouttez, servez aussitôt avec le saumon parsemé de coriandre ciselée.**

TRUITES GRILLÉES, POMMES AU FOUR

Il me faut…

Truite
4 pavés

Pommes de terre « spéciales four »
4 grosses

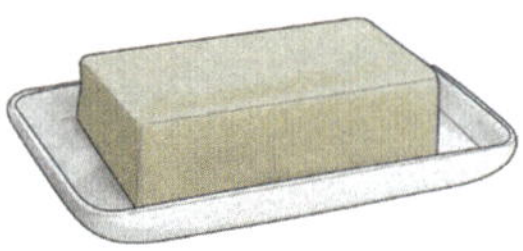

Beurre
4 noix

Ciboulette
2 c. à s.

Comment je procède

1 **Nettoyez les pommes de terre, séchez-les et placez-les dans un plat à four. Salez, poivrez et enfournez à 210 °C (th. 7).**

2 **Faites griller les pavés de truite dans une poêle huilée en les retournant à mi-cuisson.**

3 **Servez-les aussitôt avec les pommes de terre au four garnies d'une noix de beurre et de ciboulette ciselée.**

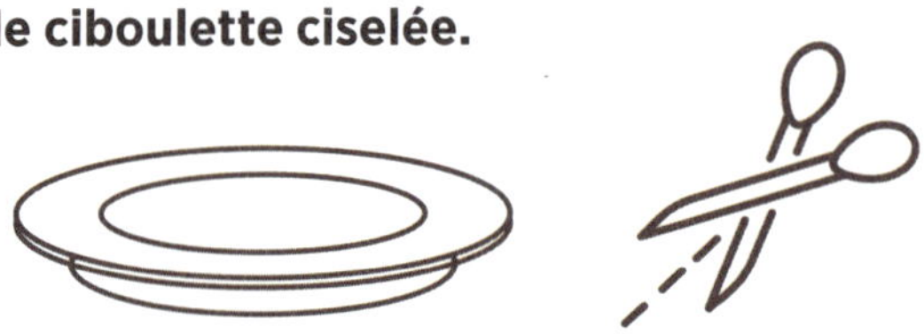

MAQUEREAUX AU THYM

Il me faut...

Maquereaux*
4

Thym
4 branches

Citron
1

Pousses de salade
4 poignées

Huile d'olive
2 c. à s.

---

* Vidés et préparés par le poissonnier.

Comment je procède

1 **Passez les maquereaux sous l'eau, séchez-les soigneusement et farcissez-les avec les branches de thym.**

2 **Faites-les cuire sur/sous le gril en les retournant à mi-cuisson.**

3 **Servez avec la salade assaisonnée avec l'huile et le jus du citron, un peu de sel et de poivre.**

STEAKS DE THON SPICY

Il me faut...

Quinoa
250 g

Pavés de thon
4

Piment d'Espelette
1 c. à c.

Huile d'olive
2 c. à s.

Comment je procède

1 **Faites cuire le quinoa à l'eau bouillante salée, selon les indications du paquet. Égouttez.**

2 **Badigeonnez les pavés de thon d'huile d'olive et faites-les griller des deux côtés selon la cuisson souhaitée, chair rosée ou bien cuite.**

3 **Parsemez de piment et servez aussitôt avec le quinoa.**

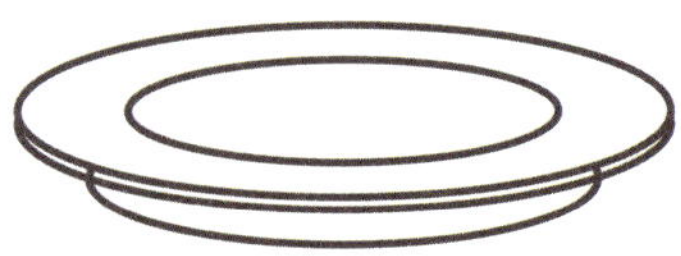

WOK DE CABILLAUD

Il me faut...

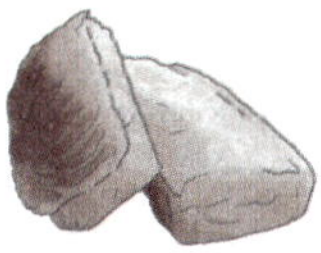

Dos de cabillaud
4

Germes de soja
2 poignées

Carotte
1

Courgette
1

Coriandre
1 c. à s.

Huile de coco
2 c. à s.

Comment je procède

1 **Faites cuire les dos de cabillaud à la vapeur.**

2 **Chauffez l'huile de coco dans un wok et faites revenir la carotte et la courgette coupées en dés et les germes de soja.**

3 **Servez le tout parsemé de coriandre ciselée.**

DESSERTS

RIZ AU LAIT AUX FRAISES

Il me faut...

Riz rond
100 g

Lait délactosé
1 litre

Fraises
200 g

Noix
4

Comment je procède

1 **Portez le lait à ébullition. Versez-y le riz en pluie et faites cuire sur feu très doux, en remuant régulièrement.**

2 **Répartissez dans des ramequins et laissez refroidir.**

3 **Mixez les fraises pour en faire un coulis, nappez-en les riz et parsemez d'éclats de noix.**

COMME UN FRAISIER

Il me faut…

Yaourts nature
4

Fraises
250 g

Amandes effilées
4 c. à s.

Comment je procède

1 Coupez les fraises équeutées en morceaux.

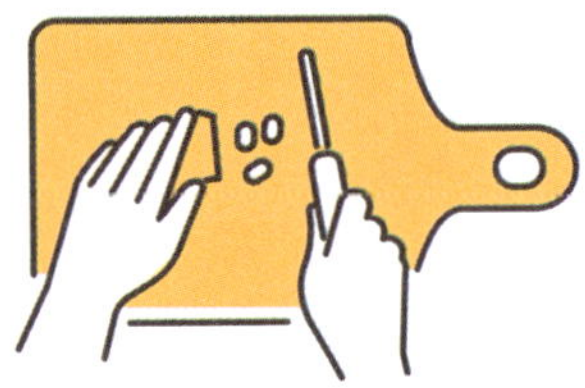

2 Répartissez-les dans des ramequins.

3 Recouvrez de yaourts mélangés à la cuillère pour les lisser, et d'amandes effilées dorées dans une poêle.

DESSERT DES ÎLES

Il me faut...

Ananas
½

Yaourt coco nature*
400 g

Vanille en poudre
Quelques pincées

Coco râpée
4 c. à s.

* Sans sucre ajouté.

Comment je procède

1 **Mélangez le yaourt coco avec la vanille et répartissez dans des coupes.**

2 **Ajoutez l'ananas en dés et la coco légèrement dorée à la poêle.**

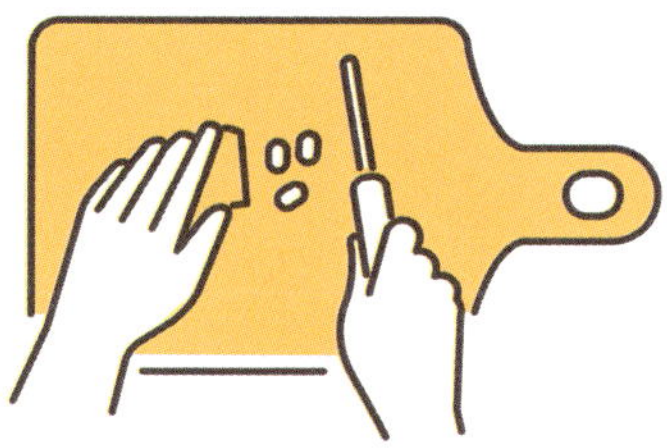

MOUSSE CHOCO

Il me faut...

Chocolat noir
100 g

Œufs
3 blancs

Comment je procède

1 **Faites fondre le chocolat au bain-marie.**

2 **Montez les blancs en neige ferme. Incorporez-y le chocolat fondu en le versant sur les blancs et en soulevant la masse à l'aide d'une spatule.**

3 **Répartissez dans des ramequins, faites prendre au réfrigérateur.**

CHIA PUDDING

Il me faut...

Graines de chia
80 g

Lait végétal
75 cl

Banane
1 bien mûre

Cannelle
Quelques pincées

Comment je procède

1 **Faites tremper les graines de chia dans le lait, si possible en remuant une ou deux fois au cours de la première heure.**

2 **Le lendemain, incorporez la banane pelée et coupée en dés, et la cannelle.**

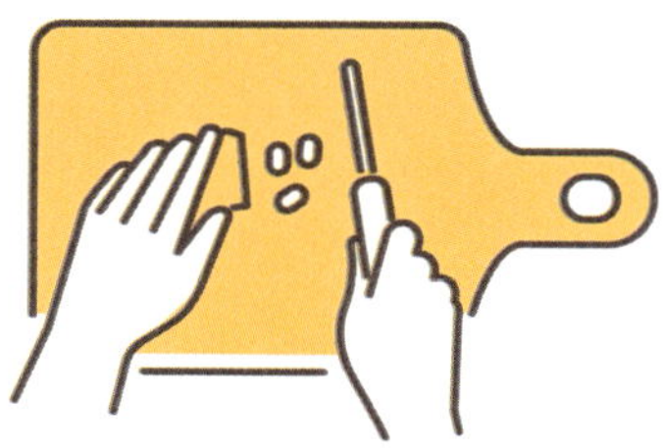

COCO CRISPY

Il me faut...

Yaourt coco nature*
400 g

Myrtilles
300 g

Graines de tournesol
2 c. à s.

* Sans sucre ajouté.

Comment je procède

1 **Faites cuire les myrtilles sur feu doux pour obtenir une compotée.**

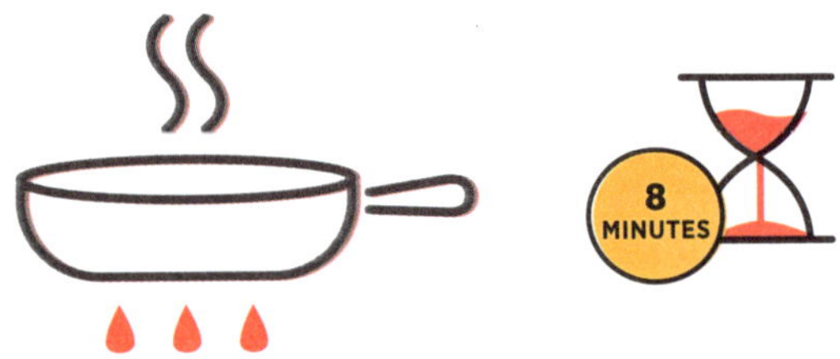

2 **Répartissez le yaourt dans des coupes, recouvrez de compotée refroidie.**

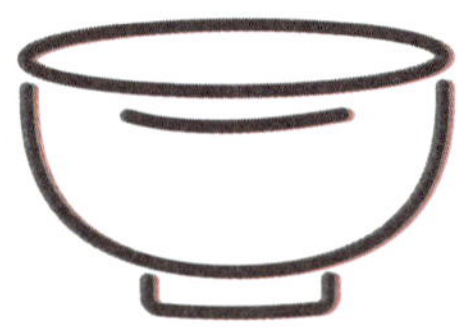

3 **Faites dorer des graines de tournesol dans une poêle et ajoutez-les sur les coupes.**

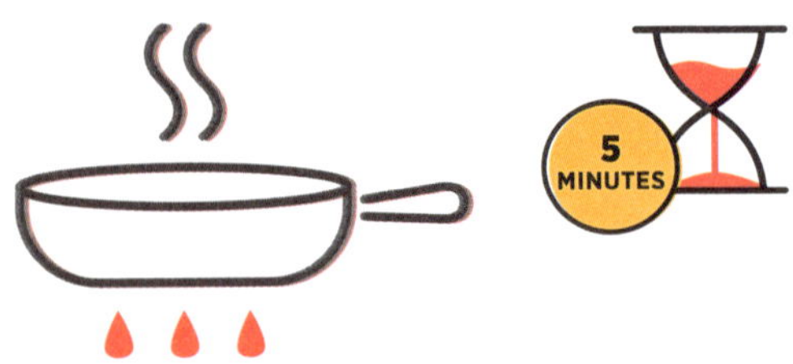

CRÈME CHOCO BANANE

Il me faut...

Yaourt coco nature*
400 g

Chocolat noir
100 g

Bananes
2 bien mûres

Vanille en poudre
Quelques pincées

* Sans sucre ajouté.

Comment je procède

1 **Faites fondre le chocolat au bain-marie.**

2 **Mixez les bananes pelées avec le yaourt puis ajoutez le chocolat en filet en mixant, jusqu'à obtention d'une crème homogène.**

3 **Répartissez dans des ramequins et laissez prendre au réfrigérateur.**

GREEN COCO

Il me faut...

Yaourt coco nature*
300 g

Avocat
1 bien mûr

Banane
1 bien mûre

Graines de courge
1 c. à s.

* Sans sucre ajouté.

Comment je procède

1 **Pelez la banane, coupez-la en morceaux.**

2 **Dénoyautez l'avocat et mettez sa chair dans le bol d'un robot avec la banane et le yaourt coco.**

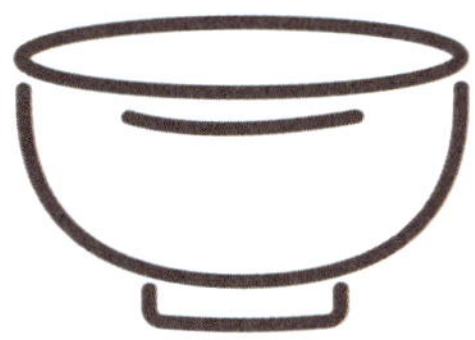

3 **Mixez finement, répartissez dans des ramequins et parsemez de graines de courge.**

CHIA PUDDING AU CACAO

Il me faut...

Graines de chia
80 g

Lait végétal
75 cl

Fraises
200 g

Chocolat noir
100 g

Cannelle
Quelques pincées

Comment je procède

1 **Faites fondre le chocolat dans la moitié du lait.**

2 **Ajoutez le reste de lait froid dans le lait chaud, ainsi que les graines de chia, et laissez tremper, si possible en remuant une ou deux fois au cours de la première heure.**

3 **Le lendemain, répartissez dans des coupes et garnissez de dés de fraises. Saupoudrez de cannelle.**

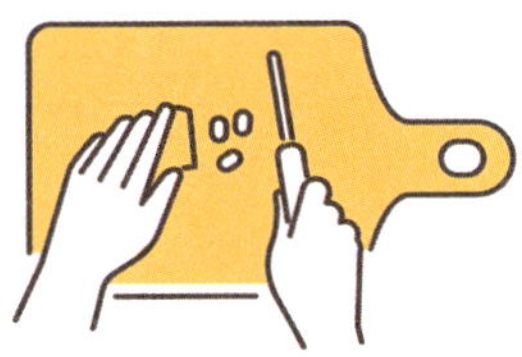

CRUMBLE FRUITS ROUGES BANANE

Il me faut...

Bananes
4 bien mûres

Fruits rouges*
400 g

Poudre d'amandes
100 g

* Fraises, framboises, myrtilles...

Comment je procède

1 **Pelez les bananes et coupez-les en dés.**

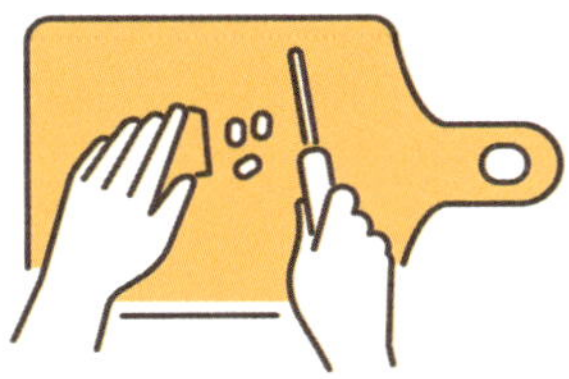

2 **Étalez-les dans un plat à gratin avec les fruits rouges. Recouvrez de poudre d'amandes et enfournez à 180 °C (th. 6) (surveillez : la poudre ne doit pas « noircir »).**

MILK-SHAKES ET SMOOTHIES

MILK-SHAKE BANANE CHIA

Il me faut...

Lait d'amande
40 cl

Banane
1 bien mûre

Citron
1 c. à s. de jus

Graines de chia
1 c. à c.

Comment je procède

1 **Faites tremper les graines de chia dans 10 cl d'eau.**

2 **Mixez le lait d'amande avec la banane pelée.**

3 **Ajoutez l'eau au chia, le jus de citron et mélangez à la cuillère.**

SMOOTHIE COCO-FRUITS ROUGES

Il me faut...

Eau de coco
30 cl

Banane
1 bien mûre

Framboises
100 g

Fraises
100 g

Comment je procède

1 **Pelez la banane.**

2 **Mixez tous les ingrédients.**

MILK-SHAKE BANANE-MYRTILLES

Il me faut...

Lait de riz
30 cl

Banane
1 bien mûre

Myrtilles
100 g

Cannelle
1 pincée

Comment je procède

1 **Pelez la banane.**

2 **Mixez tous les ingrédients.**

SMOOTHIE BONNE MINE AU CURCUMA

Il me faut...

Jus de carotte
40 cl

Banane
1

Curcuma
1 pincée

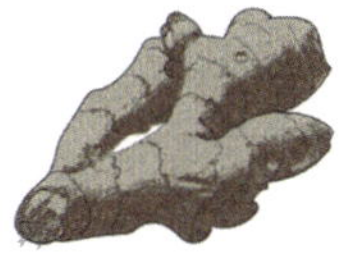

Gingembre
1 c. à c. râpé

Comment je procède

1 **Pelez la banane.**

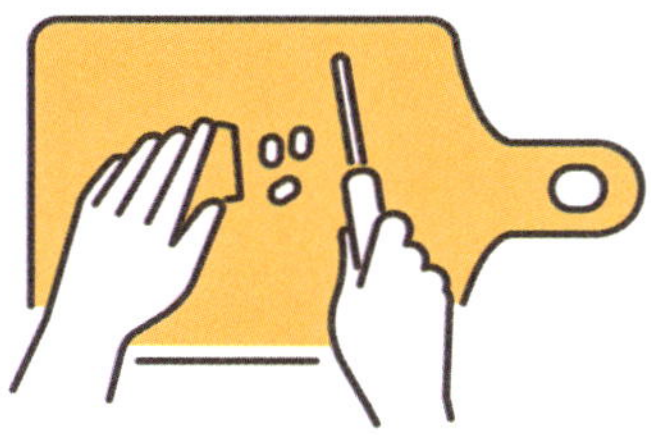

2 **Mixez tous les ingrédients.**

MILK-SHAKE AU LIN

Il me faut...

Lait d'amande
30 cl

Carotte
1

Banane
1 bien mûre

Graines de lin
1 c. à s.

Comment je procède

1 **Laissez tremper les graines de lin dans 10 cl d'eau.**

2 **Faites cuire la carotte pelée à la vapeur, coupez-la en morceaux.**

3 **Pelez la banane et mixez tous les ingrédients.**

GREEN SMOOTHIE MINCEUR

Il me faut...

Eau de coco
30 cl

Concombre
½

Gingembre
1 c. à c. râpé

Comment je procède

1 **Pelez le concombre.**

2 **Mixez tous les ingrédients.**

MILK-SHAKE ANANAS-ÉPINARDS

Il me faut...

Eau de coco
30 cl

Lait de coco
10 cl

Pousses d'épinards
1 poignée

Ananas
200 g de chair

Comment je procède

1 **Mixez tous les ingrédients.**

SMOOTHIE ROOIBOS-BANANE

Il me faut...

Rooibos
30 cl

Banane
1 bien mûre

Cannelle
Quelques pincées

Citron
1

Glaçons

Comment je procède

1 **Pelez la banane.**

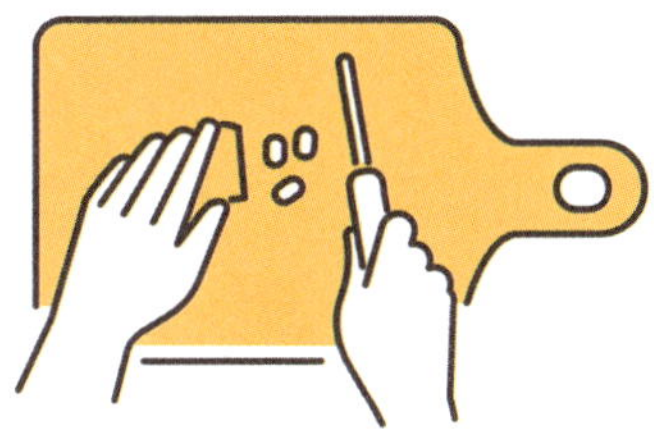

2 **Pressez le citron et mixez tous les ingrédients.**

PORRIDGES

QUINOA-SÉSAME

Il me faut...

Quinoa
40 g

Lait délactosé
25 cl

Purée d'amandes
1 c. à s.

Graines de sésame
1 c. à s.

Comment je procède

1 **Portez le lait à ébullition.**

2 **Versez le quinoa et faites-le cuire en mélangeant.**

3 **Incorporez la purée d'amandes, servez dans un ramequin et parsemez de graines de sésame légèrement dorées à la poêle.**

KIWI-FRAMBOISE

Il me faut…

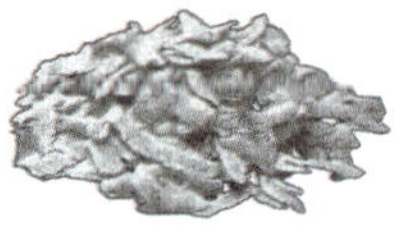

Flocons de riz
40 g

Lait délactosé
25 cl

Kiwi
1

Framboises fraîches
ou surgelées
50 g

Amandes effilées
1 c. à s.

Comment je procède

1 **Portez le lait à ébullition.**

2 **Versez les flocons et faites-les cuire en mélangeant.**

3 **Servez dans un ramequin, garnissez de rondelles de kiwi, de framboises et d'amandes effilées légèrement dorées à la poêle.**

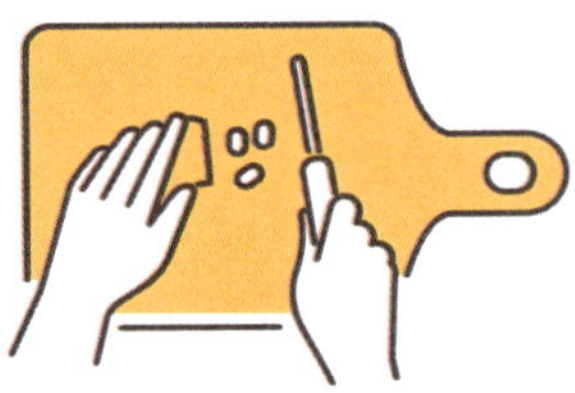

MYRTILLE-CANNELLE

Il me faut...

Flocons de riz
40 g

Lait délactosé
25 cl

Cannelle
Quelques pincées

Myrtilles fraîches
50 g

Graines de courge
1 c. à s.

Comment je procède

1 **Portez le lait à ébullition.**

2 **Versez les flocons et faites-les cuire en mélangeant.**

3 **Servez dans un ramequin, garnissez de myrtilles, de graines de courge et de cannelle.**

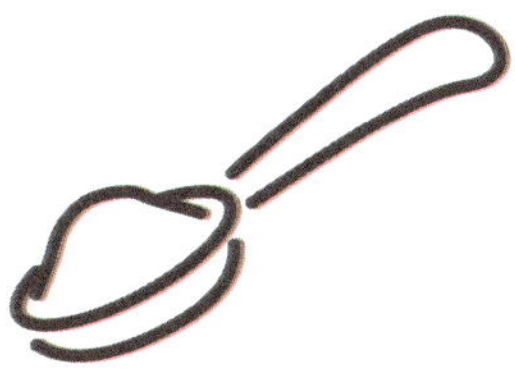

COCO-ANANAS

Il me faut...

Flocons de riz
40 g

Lait de coco
10 cl

Lait délactosé
15 cl

Ananas
100 g de cubes

Coco râpée
1 c. à c.

Comment je procède

1 **Portez les laits à ébullition.**

2 **Versez les flocons et faites-les cuire en mélangeant.**

3 **Servez dans un ramequin, garnissez de cubes d'ananas rôtis à la poêle et de coco râpée.**

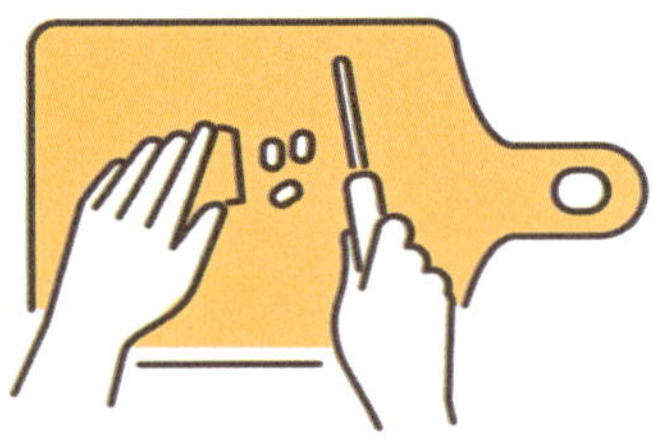

LIN ET NOIX

Il me faut...

Sarrasin
40 g

Lait d'amande
25 cl

Noix
2

Graines de lin
1 c. à s.

Comment je procède

1 **Portez le lait à ébullition.**

2 **Versez le sarrasin et faites-le cuire en mélangeant.**

3 **Servez dans un ramequin, parsemez de graines de lin et d'éclats de noix.**

ORANGE-ÉPICES

Il me faut…

Flocons de petit épeautre
40 g

Lait d'amande
25 cl

Cannelle
Quelques pincées

Orange
1

Comment je procède

1 **Portez le lait à ébullition.**

2 **Versez les flocons et faites-les cuire en mélangeant.**

3 **Servez dans un ramequin. Garnissez de quartiers d'orange pelés à vif et de cannelle.**

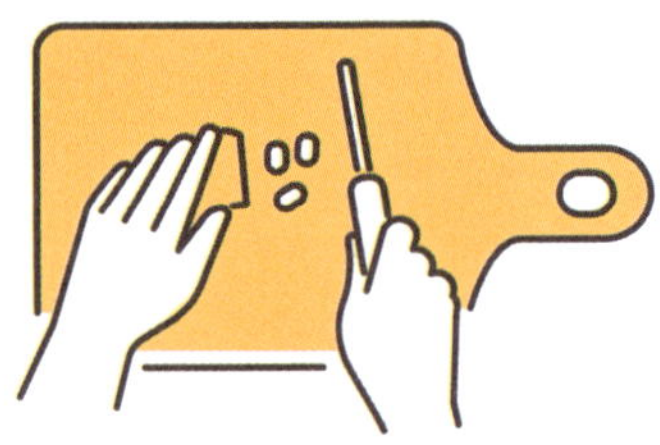

FRUITS ROUGES

Il me faut...

Riz rond
40 g

Lait d'amande
25 cl

Fruits rouges*
100 g

Amandes effilées
1 c. à s.

* Fraises, framboises, myrtilles...

Comment je procède

1 **Portez le lait à ébullition.**

2 **Versez le riz et faites-le cuire en mélangeant.**

3 **Servez dans un ramequin, recouvrez de fruits rouges et d'amandes effilées dorées dans une poêle.**

BANANE-RAISINS SECS

Il me faut...

Flocons de sarrasin
40 g

Lait délactosé
25 cl

Banane
1 bien mûre

Raisins secs
1 c. à c.

Comment je procède

1 **Portez le lait à ébullition avec les raisins secs.**

2 **Versez les flocons et faites-les cuire en mélangeant.**

3 **Servez dans un ramequin.**

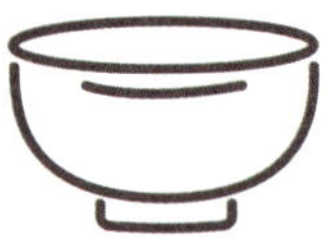

4 **Décorez de rondelles de banane.**

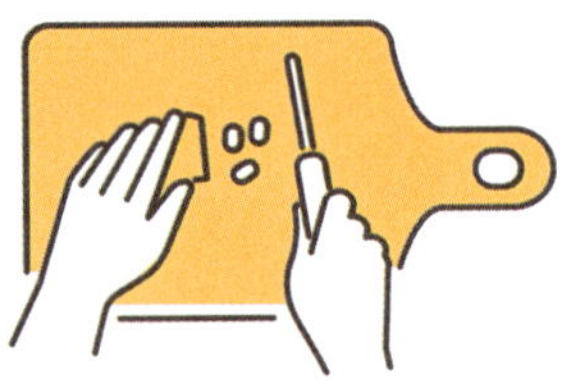

PURÉE DE CACAHUÈTES

Il me faut...

Flocons de petit épeautre
40 g

Lait délactosé
25 cl

Purée de cacahuètes*
1 c. à c.

Chocolat noir fondu
1 c. à s.

Cacahuètes
1 c. à s.

* Magasins bio, sans sucre ajouté.

Comment je procède

1 **Portez le lait à ébullition.**

2 **Versez les flocons et faites-les cuire en mélangeant.**

3 **Ajoutez la purée de cacahuètes, mélangez.**

4 **Servez dans un bol, nappé de chocolat noir fondu et de cacahuètes concassées légèrement dorées à la poêle.**

Cet ouvrage est composé de matériaux issus de forêts bien gérées certifiées FSC®, de matériaux recyclés et de matériaux issus d'autres sources contrôlées.

Le Forest Stewardship Council® est une organisation internationale non gouvernementale qui encourage une gestion écologiquement adaptée, socialement bénéfique et économiquement viable des forêts de la planète. Pour en savoir plus, consultez le site *www.fsc.org*

FSC
www.fsc.org
MIXTE
Papier issu
de sources
responsables
FSC® C120704

Achevé d'imprimer en mars 2021
sur les presses d'Unigraf
Dépôt légal : février 2021

Imprimé en Espagne